トヨタとソフトバンクで鍛えた
「0」から「1」を生み出す思考法

ゼロイチ

How to Make ZERO into ONE

Hayashi Kaname
林 要

ダイヤモンド社

ゼロイチ

はじめに

「今までになかったモノ」をつくり出したい

ゼロイチをやりたい――。

社会に出る以前から、僕はそう思っていました。

決められたことを延々とこなす仕事ではなく、誰かがつくった「1」を「10」にする仕事でもなく、自分の手で「0」から「1」を生み出すような仕事がしたい。「今までになかったモノ」をつくり出して、世の中を「アッ」と驚かせたい。そんなことを夢見ていたのです。

もちろん、青二才《あおにさい》の単なる妄想《もうそう》。まだ何の実績もないわけですから、自信のもちようもありません。むしろ、そんな妄想とは裏腹《うらはら》に、そもそも自分が社会で役に立てるのかという不安のほうが強かった。記憶力がきわめて悪いこともあり、決してテストは得意ではありませんでしたし、趣味には熱中してきましたが、抜きん出た成功体験があったわけでもありません。しかも、極度《きょくど》の人見知《ひとみし》り。会社でうまくやっていけるだろうかと、あれこれ心配したものです。

あのころから17年。

そんな僕でも、いくつかのゼロイチにかかわることができました。

チャンスを与えてくれたのは、トヨタ自動車とソフトバンク。新卒で入ったトヨタでは、入社3年目に同社初のスーパーカー「レクサスLFA」のプロジェクトに・・・たまたまエントリー。それまでの常識を覆《くつがえ》すようなチャレンジを成功させることができました。その後、トヨタF1のエンジニアとして渡欧《とおう》。最速のレーシングカーを生み出すために、ゼロイチのアイデアを形にする経験を積みました。

帰国後は、量販車《りょうはんしゃ》の製品企画部に異動となり、チーフエンジニアのもとで開発をマネジメントする仕事を担当。慣れないマネジメントの仕事に当初は苦しみましたが、多くの関係者と力を合わせてプロジェクトを前に進める醍醐味《だいごみ》を知ることができました。

孫正義社長と出会ったのは、ちょうどそのころ。孫社長の後継者育成機関であるソフトバンクアカデミアに外部生として参加したのです。孫社長のリーダーシップを間近《まぢか》に学び、マネジメントの仕事に活かすことが目的でした。

ところが、これが転機《てんき》となりました。

「ウチに来い」と孫社長に声をかけられたのです。「何をするんですか？」と尋《たず》ねると、「ロボットだ。人と心を通わせる人型ロボットを普及させる」とおっしゃいます。これ以上のゼロイチはない……。そう思った僕はソフトバンクに転職。世界初の感情認識パーソナルロボット「Ｐｅｐｐｅｒ」の開発リーダーとして働くチャンスをいただいたのです。

そして、Ｐｅｐｐｅｒが世の中に受け入れられるのを見届けたうえで、２０１５年9月にソフトバンクを退職。「世界のどこにもない、心を満たしヒトを支えるロボット」という新たなゼロイチにチャレンジすべく、「ＧＲＯＯＶＥ　Ｘ」というロボット・ベンチャーを起業しました。40歳を過ぎて、残りの人生の過ごし方を考えたとき、このタイミングで一歩を踏み出すことに躊躇《ちゅうちょ》はありませんでした。もちろん不安もありますが、志を同じくする仲間たちと充実した毎日を過ごしています。

組織人として、いかにゼロイチに向き合うか？

本書を書こうと思ったのは、ソフトバンクを退職してから、実に多くのビジネスパーソンからご相談をいただいたためです。その大半は、会社に勤める組織人として、いかにゼロイチに向き合えばいいかというものでした。

「どうしたら、会社のなかでゼロイチを実現できるか？」

「会社で新規事業を任されているが、なかなかうまくいかない」

「会社からイノベーションを起こせと言われているが、どうすればいいのか？」

といった〝個人目線〟の相談もあれば、

「どうすれば、ゼロイチを生み出す人材を育てることができるか？」

といった〝マネジメント目線〟の相談もありました。

そのリアルな悩みは、つい最近までサラリーマンだった僕自身の悩みでもありました。『イノベーションのジレンマ』（クレイトン・クリステンセン著、翔泳社）でも明らかにされているとおり、すでに成功した事業をもつ会社のなかでゼロイチを成功させるのは、決して容易なことではないからです。

それに、僕がやってきたことは、ほんのささやかなこと。ｉＰｈｏｎｅのような大成功を収めているわけではありませんから、ゼロイチに悩む人々が相談する相手として、僕が適任とも思えませんでした。しかし、皆さんとのディスカッションに刺激を受けながら、**「組織人としてゼロイチを成し遂げるために大切なこと」**について、僕なりの考えを深めていくことができました。

その過程で、参考になりそうな書籍にも目を通しました。

しかし、数多くあるイノベーションに関する書籍のほとんどは、起業家やフリーランス、あるいは研究者によって書かれたものでした。もちろん、それらもおおいに参考になりましたが、考えてみれば、読者の大半は会社に勤める組織人。これらの書籍は、必ずしも組織人の目線で書かれたわけではないので、読者が本当に知りたいことと必ずしもマッチングしていない面もあるように思いました。

であれば、トヨタとソフトバンクという大企業でゼロイチにチャレンジする機会に恵まれてきた僕の経験と、そこから得られた教訓を一冊の本にまとめることには、多少なりとも意味があるかもしれない。しかも、大企業を飛び出したばかりのタイミングで書かなければ、今まさに悩んでいるビジネスパーソンのリアルな悩みに応えるような内容にはできなくなるだろう。そう考えて、僭越《せんえつ》ながらこの本を書くことにしました。

必要なのは、「才能」ではなく「練習」

僕は、**ゼロイチは誰にでもできる**、と考えています。

なにしろ、僕でもある程度はできたのです。僕はそもそも特段の才能は何もない、平凡な子どもでした。小学校では九九を覚えられず、クラスでワースト2。中学校の部活でもまったく活躍することができず、かといって成績がずば抜けてよかったわけでもありません。

高校時代はさらに悲惨《ひさん》で、成績はクラスで万年ワースト2。大学では、空気力学を学び、グライダーに熱中するなど、充実した生活を送りましたが、就職活動で失敗。行きたかった本命の会社の内定をとることができず、消去法的に大学院に進学。大学院修了時になんとか、今ほどは人気が高くなかったトヨタ自動車に拾ってもらったという次第。いわば、出来損《できぞこ》ないだったわけです。

そのうえ、対人関係も不得手。トヨタでもソフトバンクでも、組織の論理の狭間《はざま》で右往左往《うおうさおう》しましたし、何度も怒鳴《どな》られたものです。数えきれないほどの失敗もしてきました。しかし、ただひとつ、僕が胸を張って言えるのは、「それでも、ゼロイチにチャレンジし続けた」ということ。そして、これこそが、**ゼロイチを成し遂げる唯一の方法**だと思うのです。

決して〝根性論〟を言いたいわけではありません。

人間の脳は、新たな情報をインプットすることで、何歳になっても自在に回路が組み変わります。ただし、「知識」だけでは弱い。実際に「経験」したときに、脳の回路は大きく変わるのです。自転車の乗り方を本で勉強しても、絶対に自転車には乗れません。何度も転びながら練習することで、はじめてコツを習得できます。そのとき、脳の回路が組み変わったのです。それと同じで、**ゼロイチをやろうと行動を起こすことによって、ゼロイチに必要な回路を脳は自らつくり上げる**のです。

もちろん、その一歩を踏み出すのは怖い。組織で共有されている〝常識〟の外へ踏み出すわけですから、必ず批判や軋轢《あつれき》が生まれます。それに、ゼロイチは必然的に社内では〝非主流〟となりますから、孤独や不安と戦うことを強いられます。

しかし、それを恐れて〝常識〟の枠内にとどまっていれば、その枠の中で安全に過ごすことに最適化された脳の回路が日々強化されていきます。それでは、どんなに〝頭のいい人〟であっても、ゼロイチを生み出すことは絶対にできません。カミソリのようにシャープに頭が切れるけれども、クリエイティビティがまったくない人が存在することは、皆さんもご承知のことだと思います。

逆に、これまでゼロイチを成し遂げてきた「すごい人」とご一緒した経験がありますが、必ずしもＩＱの高い人というわけではないと感じています。ただ、**「すごい人」は例外なく、リスクを恐れずゼロイチに挑戦し続けている。**つまり、枠をほんの少し飛び出す練習を重ねているかどうかが、ゼロイチの成否を分けるのです。

ゼロイチに必要なのは「才能」ではなく「練習」――。

結局のところ、「やるかやらないか」がすべてなのです。

ゼロイチこそ、人間の本能にかなった仕事

とはいえ、むやみにチャレンジして遠回りするのももったいない。そこで、僕が経験してきたことをベースに、会社のなかでゼロイチを成し遂げるうえで、意識すべきエッセンスをまとめたのが本書です。

「ゼロイチの主戦場は無意識である」

「プロフェショナルな素人が最強」
「おっちょこちょいは美徳である」
「アイデアだけでゼロイチは不可能」
「計画と無計画の間を進む」
「失敗してないのは危険な兆候」
「効率化がゼロイチを殺す」

これらのエッセンスは、不器用な僕が試行錯誤《しこうさくご》しながら紡《つむ》ぎ出《だ》してきたものです。現場で悩んでいらっしゃるビジネスパーソンの参考になる部分が、少なからずあると信じています。

ゼロイチの魅力は何か？

僕は、楽しさだと思っています。

「これだ！」というひらめきが生まれる瞬間が心地よい。そして、そのアイデアを実現したいという情熱が生まれます。しかしそこからは、苦しい局面の連続。前例のないアプローチですから、どこを探しても「正解」などありません。先の見えない不安な道のりを、時には周囲からの反発を受けながらも、一歩一歩、進んでいかなければならないのです。しかし、ゼロイチへの情熱があれば、その「産みの苦しさ」さえも喜びに変わります。

そして悪戦苦闘《あくせんくとう》の末にゼロイチを成功させたときには、このうえない喜びがこみ上げてきます。それまでの苦労のすべてが、「よい思い出」へと変わります。そして、次のゼロイチへの熱意が再び湧き上がってくるのです。それは、**職業人として最高の幸せ**ではないかと思います。

その原動力は、好奇心です。「見たことのないモノ」「見たことのない世界」への興味は、人間の原始的な本能のひとつ。誰もがもっている欲求なのです。自らの内にあるこの本能を満足させるために働くとモチベーションはおのずと生まれてきます。それに反して、「義務感」で働いてもモチベーションはすり減るばかり。だから僕は、**ゼロイチこそが人間の本能にかなった仕事**だと確信しています。

ひとりでも多くのビジネスパーソンに、ゼロイチを実現する喜びを体験していただきたいと願っています。それが、ひいては日本経済の活性化につながるはずです。本書が、その一助となれば、それに勝る喜びはありません。

2016年5月

林 要

ゼロイチ▼目次

はじめに――002

「今までになかったモノ」をつくり出したい 002
組織人として、いかにゼロイチに向き合うか？ 005
必要なのは、「才能」ではなく「練習」 007
ゼロイチこそ、人間の本能にかなった仕事 009

第1章 「失敗」の向こうにゼロイチはある――025

1▼「エース級」でないからチャンスが来る――026
ゼロイチはビジネスパーソンの「ブルーオーシャン戦略」

「優秀な人だからゼロイチができる」はウソ　026
「競争相手」が少ないゼロイチにこそ勝機はある　029
「エース級」が陥りがちな罠　031

2 ▼ 「おっちょこちょい」は美徳である —— 034

「悩む」より「やってみる」のが成功の秘訣
「慎重派」と「おっちょこちょい」　034
「とにかく、やってみる」から学びが深い　036
「賢いけど失敗できない人」より「少々バカでも失敗できる人」　039

3 ▼ 「出る杭」だから引き抜かれる —— 042

プロジェクトに「指名される人材」になる方法
「出る杭」だからチャンスが来る　042
「オマエ、何やってるんだ！」と役員に怒鳴られる　044
「記憶に残るスタッフ」と「その他大勢」　046

純粋に「仕事」を追求するから、記憶に残る 048

4▼
「謙虚」に逃げ込まない 050
〝図々しい人〟だけがゼロイチのキャリアを手にする
深く考え過ぎずに、まず手を挙げる 050
〝安全地帯〟にとどまる限り、絶対に成長できない 052
必死にもがくうちに〝分不相応〟が〝分相応〟になる 054
チャンスは一瞬で消え去ってしまう 056

5▼
場を乱す「ナマズ」になる 058
「コンフリクト」のない場所にゼロイチは生まれない
なぜ、ヴェルサイユの鯉はブクブクに太ってしまったのか？ 058
「正しい」と思うことを主張すれば、味方が現れる 060
アイデアは「批判」によって鍛えられる 063

6 恐怖の「壁」を破壊する方法 066
「恐怖心」にとらわれると大きなリスクを招く
「恐怖心」を無理に打ち消そうとしない 066
「感情」を離れて、やるべきことに集中する 068
幻想としての「恐怖心」を信じてはならない 071

第2章 ゼロイチの主戦場は「無意識」である 075

7 「不満」の多い人ほどゼロイチ向き 076
「不満」や「違和感」には、驚くべきゼロイチが隠されている
「不満」は重要なサインである 076
「不満」を掘り下げると、アイデアが生まれる 078
「こういうものだから、仕方がない」と考えてはならない 080

個人的な「不満」や「違和感」こそが重要 082

8▼「制約条件」こそアイデアの源である 084
「自由な場所」にゼロイチはない
「制約」があるから「脳」は動き始める 084
ゼロイチに着手するときは、まず「制約条件」を明確にする 087
「制約」は足かせではなく、アイデアのロケット台である 089

9▼プロフェショナルな「素人」が最強 092
中途半端な「専門家」がゼロイチを壊す
中途半端な「専門家」ほど厄介な存在はない 092
専門家には「思考の死角」が生まれる 094
「専門家＋素人」の二重人格性がプロの証 096

10▼
「快感」の先にしかゼロイチはない 100
「ひらめきの快感」をひたすら追い求める
人間はひらめく生き物である 100
「快感」の先にしかゼロイチは生まれない 102
「意識的な思考」と「無意識的な思考」はゼロイチの両輪 104
ゼロイチの主戦場は「無意識」である 106
サイコロを振らなければ、絶対に「あたり」はでない 108

11▼
「偏った経験」がゼロイチを生み出す 110
斬新な「アイデア」を生み出す最強の方法
「無意識の記憶の海」がひらめきの源である 110
「偏った経験」が独特なアイデアを生み出す 112
「やりたいこと」をやると、「無意識」が鍛えられる 114
「演劇体験」×「エンジニア」という組み合わせ 117
「無関係な経験」がPepperを生んだ 119

第3章 「アイデア」だけでゼロイチは不可能 121

12 「組織」は使わせていただくもの 122
「サラリーマン」がゼロイチに向き合う基本スタンス
「イノベーションのジレンマ」が出発点である 122
会社では常に「古いもの」が力をもつ 124
「冒険的企業」は、必然的に「官僚的組織」へと変質する 126
組織から「大きなパワー」を引き出す方法 128

13 「無理難題」こそチャンスである 130
魂のこもった「トップダウン」がゼロイチの根源
「無理難題」が思考を活性化する 130
妥協しないトップこそ、ゼロイチのエンジンである 132
誰でも成し遂げられる仕事が、ゼロイチであるはずがない 134

14▼リーダーシップの根源は「情熱」である 138
理想のゼロイチを実現するためには「影響力」が不可欠
ゼロイチで必ずぶつかる「ジレンマ」がある 138
「アイデア」だけではゼロイチは生まれない 140
「職人」ではなく、「マネジメント」をめざせ 143
結局、人を動かすのは「情熱」以外にない 144

第4章 「物語」がゼロイチのエンジンである 147

15▼「ゴール」がゼロイチの成否を決める 148
ユーザーの「隠れた願望」をゴールに設定する
「願望」が主で、「技術」が従 148

人間としての「実感」の伴うゴールを探す 151
ユーザーが求めているのは「技術」ではない 153

16▼
「物語」がゼロイチのエンジンである 156
魅力的な物語があれば、必ず「協力者」は現れる
「新しいこと」をやりたいのはゼロイチの担当部署だけ 156
一流のエンジニアを動かす「言葉」とは？ 158
誰もが「物語を生きる」ことを求めている 161

17▼
「計画」と「無計画」の間を進む 164
ゼロイチという〝視界不良〟な仕事をいかに進めるか？
ゼロイチとは常に〝視界不良〟のプロジェクトである 164
「計画」と「無計画」の間に正解はある 167
目標設定は、必ず「ゴール」から逆算する 169

18▼「相場観」がゼロイチの武器である ―― 172
練習を重ねて〝非論理的〟な「勘」を磨く
「相場観」がなければ、ゼロイチのスケジュールは組めない 172
トライ&エラーで「相場勘」は磨かれる 174
頼りになるのは〝非論理的〟な勘 176

第5章 「効率化」がゼロイチを殺す ―― 181

19▼「効率性」とは危険な言葉である ―― 182
「意味のある無駄」を最大化する
「意味のない無駄」と「意味のある無駄」 182
ゼロイチは、膨大な「無駄」の果てに生まれる 184
「意味のない無駄」は徹底的に排除する 186

「効率的」にゼロイチを生み出すことはできない　188

20 「失敗してない」のは危険な兆候　190

「安全圏」にいたら凡庸なものしか生み出せない

なぜ、「一流レーサー」は練習走行でスピンするのか？　190

ゼロイチの開発は、必然的に「失敗」の連続となる　192

「成功」には、気の遠くなるような「失敗」が必要　194

「失敗への耐性」がなければ成功できない　196

21 「言葉」は無力である　198

「言葉」で議論するより、「モノ」で議論する

「言葉」に頼りすぎるから迷走する　198

ゼロイチを「言葉」で表現することは不可能　201

感性領域の問題は、「モノ」でしか議論できない　203

22▼ユーザーの「言葉」を信じない　206
言葉の奥にある「想い」を自分の頭で考える
「ユーザーの声」からゼロイチは生まれない　206
ユーザーは「答え」を教えてくれない　209
「言葉」の向こうにある「想い」をつかめば、可能性が一気に広がる　211

あとがき　214
日本はゼロイチの「ホットスポット」だった　214
ジョブズは「天才」だったのか？　216
人生を設計しようとしてはいけない　219
アイデアがグルーヴする会社をつくる　221

［装　丁］奥定泰之
［写　真］榊　智朗
［編集協力］田中裕子
［ＤＴＰ］ＮＯＡＨ
［校　正］永生祐子
［編　集］田中　泰

第1章

「失敗」の向こうにゼロイチはある

1▼「エース級」でないからチャンスが来る

ゼロイチはビジネスパーソンの「ブルーオーシャン戦略」

「優秀な人だからゼロイチができる」はウソ

「優秀な人だからゼロイチができる」

ビジネスパーソンと話していると、そのようなニュアンスの言葉をときどき耳にします。そして、多くの場合、そのあとに「だから、自分にはできない」という言葉が続くのです。

しかし、僕は、これは間違った考え方だと思います。

むしろ、会社のなかで「1番手」と目されるエリートグループに属する人よりも、**「2番手、3番手」以下のグループに属する人のほうが、ゼロイチのプロジェクト**

にかかわるチャンスが多いと思うのです。

僕自身がそうでした。

僕がはじめてゼロイチにかかわったのは、トヨタ入社3年目のことです。

当時、僕が配属されていたのは実験部というセクション。そこで、コンピュータによる解析《かいせき》を担当していた僕は、依頼された解析を行うのが仕事で、何かひとつの車種の開発にどっぷりかかわる立場ではありませんでした。「モノづくり」がしたいと希望していた僕にとっては、正直、不本意な配属。ところが、ある日、上司から「いまの業務と兼務《けんむ》で、LFAの仕事もやってほしい」と打診されたのです。

LFAとは、同社初のスーパーカー「レクサスLFA」のこと。一台3750万円もする〝尖《とが》った車〟を開発するのですから、それまでのトヨタにはない発想が求められる刺激的なプロジェクトです。僕には願ってもないチャンス。時間が過ぎるのも忘れて、LFAの仕事にどんどんのめり込んでいきました。そして、この経験が、僕の一風変わったキャリアの出発点となったのです。

では、なぜ実績のない僕に声がかかったのか？

僕が、まだ若かったということもあり、「2番手、3番手」どころか、実験部のなかで「ペーペー」の存在だったからです。

当時、LFAはまだ量産の正式なGOサインが出る前の先行検討の段階にありました。つまり、製品になるかどうかさえ未知数《みちすう》のプロジェクト。一方、量産が決まっている優先度の高いプロジェクトは、ほかにたくさんあるわけですから、実験部の屋台骨《やたいぼね》を支える中核メンバーは、そっちのプロジェクトに駆《か》り出《だ》されます。そこで、消去法的にLFAの仕事が僕に回ってきたのです。

これは、決してレアケースではないはずです。

会社の構造上、ゼロイチのチャンスは、このような形でめぐってくることが多いと思うのです。

たとえば、新規事業の立ち上げが組織決定されたとします。そのためのスタッフをいきなり新規採用するようなケースは稀《まれ》で、多くの場合は現状のリソースをやりくりして、様子をみながらスタートさせることが多いはずです。必然的に、経営陣は既存の事業部門にスタッフを出すように指示を出すわけです。

ところが、既存事業の部門長にはエース級のスタッフを出すメリットがありません。なぜなら、部門ごとに事業目標が設定されており、その目標を達成するためにはエース級の力が不可欠だからです。常に上限ギリギリの目標が設定されているはずですから、それは当然のこと。

しかも、新規事業が成功したとしても、評価されるのは新規事業の責任者であって、エース級のスタッフを出した部門の長が評価されることはほとんどありません。だから、エース級を手放さないのは、きわめて合理的な判断なのです。

しかし、だからこそ「2番手、3番手」にゼロイチのチャンスが巡ってくることになります。**組織のメカニズムを理解すれば、「優秀ではないから、ゼロイチのチャンスは巡ってこない」と考えるのは誤りだとわかる**のです。

「競争相手」が少ないゼロイチにこそ勝機はある

むしろ、話は逆。

「エース級ではない」という自覚のある人こそ、ゼロイチに挑戦すべきだと思うのです。

実は、僕がゼロイチを志した理由はふたつあります。ひとつは、自分の手で「今までになったモノ」をつくり出して、誰かにワクワクしてもらいたいという理由。子どものころから、ゼロイチのプロダクトに触れて「これは、すごい!」という感動を与えられてきましたから、その恩返しをしていきたいという積極的な理由です。

そして、もうひとつの理由は、保守本流《ほしゅほんりゅう》の領域では、競争相手に勝てるだけの成果を出せないと思ったから。そんな消極的な理由だったのです。

僕は、子どものころから「優秀ではない」という自覚はありましたが、トヨタに入って、改めてそれを痛感させられました。周囲を見回せば、頭脳明晰《ずのうめいせき》かつ人間関係もそつなくこなす優秀な人ばかり。トヨタ流の「型《かた》」を忠実に守る保守本流の仕事では、とてもではありませんが、まともに戦ったら勝てないと悟らざるをえませんでした。

一方、**ゼロイチの領域は、いわば競争相手のいないブルーオーシャン**。トヨタの保守本流の事業で成果を出すという、誰もがめざすレッドオーシャンではなく、競争相手の少ないゼロイチならば勝てる可能性があると考えたのです。

もちろん、それは決して楽な選択ではありません。

きっちりとトヨタの「型」を守れば確実に成果の出る既存事業とは異なり、どんなに努力をしても、成果が出るかどうか未知数なのがゼロイチです。しかし、**レッドオーシャンでは勝負のできない僕は、ブルーオーシャンに賭《か》けるしかない**と思ったのです。そこならきっと、自分の居場所を見つけられるはずだ、と。

そして、そう考えているところに、ＬＦＡの話が舞い込んだというわけです。願ってもないチャンスでしたから、僕は迷わずその仕事に没頭。ゼロイチのキャリアを切り拓くきっかけをつかむことができたのです。だから、僕は、**「優秀ではない」「1番手にはなれない」と思う人こそ、ゼロイチにチャンスを求めるべき**ではないかと考えているのです。

「エース級」が陥りがちな罠

いや、もっと言えば、ゼロイチのキャリアを切り拓くうえでは、「1番手」と目される人々こそリスクを認識すべきです。

なぜなら、企業の収益を支える中核事業には失敗が許されませんから、組織的に「1番手」を保守本流から離さない組織的な力学が働くからです。その結果、ゼロイチへの挑戦権を得られないまま、キャリアを重ねていくことにならざるをえなくなるケースが非常に多いのです。

もちろん、そこで大きな失敗をせず、コツコツと成果を積み上げていけば、出世の道は拓けるでしょう。しかし、それがある種のバイアスを生み出します。**守るべきピカピカのキャリアを背負っているからこそ、失敗するリスクの高い「新しいコト」にチャレンジするリスクをとることに対する心理的抵抗が強くなってしまう**のです。

しかし、過去どんなに成功したモノも、いつかは「新しいモノ」にとって代わられるときが必ず来ます。このときに、悲劇は訪れます。

「新しいモノ」を生み出そうとすれば、失敗のリスクを避けることはできません。むしろ、数々の失敗を経験しながら、「答え」を見出すのが「新しいモノ」を生み出すために必要なプロセスなのです。

ところが、ピカピカのキャリアを手にした「1番手」の人たちは、失敗することができない。そのために、**「新しいモノ」へチャレンジをするのではなく、「古いモノ」の延命に走りがち**なのです。中には自分では「新しいモノ」にチャレンジしているつもりだけれども、大局的には「古いモノ」に毛が生えた程度のものであり、自らそれに気づいていないことも決して少なくありません。

しかも、彼らは出世しているケースが多いために、組織の意思決定にも大きな影響力をもっています。それゆえ、組織全体が膠着状態《こうちゃくじょうたい》に陥り、いつの間にか「責任の所在が不明確な失敗」を生み出す原因となります。そして、「新しいモノ」が台頭したときに、組織が壊滅するほどの敗北を招いてしまうのです。

それは、とても恐ろしいことではないでしょうか？

2▼「おっちょこちょい」は美徳である

「悩む」より「やってみる」のが成功の秘訣

「慎重派」と「おっちょこちょい」

新入社員には大きくふたつのタイプがいるように思います。

ひとつは、どちらかというとモノゴトに対して慎重でコンサバティブにふるまうタイプ。そして、もうひとつが、「こうあるべきだ」と思ったら、深く考えずにやってしまうタイプ。僕は、後者でした。要するに、おっちょこちょい。若いころは浅はかですから、トラブルを引き起こして、職場に迷惑をかけてしまったことも一度や二度ではありません。何度も怒られては、落ち込んだものです。

今でも、忘れられない失敗があります。

あれは、入社2年目のこと。当時、僕は、トヨタの実験部でコンピュータによる解析《かいせき》を担当していました。解析に使われていたのは、一台1000万円弱もするUNIXワークステーションという特殊なコンピュータ。しかし、間もなくパソコンの時代が来ることは間違いありませんでしたから、僕は、なかば強引にUNIXワークステーションをパソコンに切り替えることにしたのです。

もちろん、単に〝新しいもの〟に変えたかったわけではありません。

UNIXワークステーションは高価ですので、導入台数が限られるために、解析の回数に制限がかかってしまいます。一方、はるかに安価なパソコンであれば導入台数を増やすことが可能。その結果、自分の興味の赴《おもむ》くまま、納得できるまで解析を繰り返すことができるのです。

ただ、職場の人たちは、あまり乗り気ではありませんでした。現状のままでも仕事は回っているのだから、あわてることはない。もう少し状況を見極めてからでいいだろう、という雰囲気でした。保守的ですが、常識的な判断。しかし、僕はやらずにいられなくて、「任せてください」と押し切ったのです。

ところが、パソコンへの移行完了後、順調に動き出したと思ったころにトラブルが発生。保存していたデータが全部飛んでしまったのです。データを保管するNASという記憶媒体の安定性をきちんと検証しなかったのが原因でした。多大な迷惑をかけ、謝るほかありませんでした。

データの復旧はできなかったので、やむなく残されていた報告書から再度データを入力したり、再計算したりして、データを再現。たいへんな作業でしたが、やるしかない。そんなわけで、おそろしく遠回りをしましたが、どうにかこうにかパソコンへの移行を完了。なんとかなった、というわけです。

「とにかく、やってみる」から学びが深い

僕は、こんな経験をヤマほどしてきました。

そのたびに、職場に迷惑をかけてきたのですから、「もっと慎重に考えてやりなさい」と叱られれば、返す言葉はありません。実際、僕は子どものころに母から、「注意力散漫」と耳にタコができるほど、叱られました。しかし、それでも、おっちょこちょいにはプラスの側面も少なからずあると考えています。

なぜなら、**深く考えすぎずにやってみるからこそ、いろいろな経験をすることができる**からです。特に重要なのが、失敗体験。失敗には痛みが伴いますから、そのときの学びが深く身体に刻まれるのです。

たとえば、データを飛ばすという〝痛い経験〟をすれば、検証作業を怠《おこた》らないようになります。当時のNASはトラブルがあっても、仕様上はデータが復旧できるはずでしたが、実際にはできなかった。そういう経験をもとに、他の経験においても**「このまま進めたら危ない」というアラームが、無意識的に鳴るようになる**のです。これは、座学では身につけることが比較的難しい、身体で覚える「学び」だと思います。そして、このような経験を積み重ねることで、**新しいことにチャレンジするときの「勘所《かんどころ》」を体得《たいとく》できるようになる**のです。

むしろ、若いうちから保守的にふるまうことで、仕事に対して慎重になりすぎることのデメリットに注意すべきではないでしょうか？　任された領域から一歩も外に出なければ、失敗の確率を低くすることはできますが、その分だけ、限られた人生で得られる「学び」が少なくなるからです。**失敗が少ないという理由で、短期的には社内で評価されるかもしれませんが、その一方で、長期的には会社から与えられた役割をルーチンで回すことしかできない人材になってしまう恐れがある**のです。

もちろん、単なるおっちょこちょいではいけません。

まず第一に、動機が大切。そもそも、「会社のため」「品質向上のため」といった大儀《たいぎ》がなければ、上司がGOサインを出してはくれません。それに、新しいチャレンジにはトラブルがつきものですから、自分のなかに「これは価値のあるチャレンジなんだ」という確信がなければ、心は簡単に折れてしまうでしょう。

そして第二に、とにかくやり抜くこと。これが重要です。

リカバリーできないトラブルはありません。やり抜く覚悟さえあれば、たいていのことはなんとかなるものです。そして、やり抜くことさえできれば、その過程における多少のトラブルは「いい思い出」になります。何より、周囲の人たちから「あいつは(問題もたまに起こすが)、任せておけばなんとかする」と思ってもらえるようになります。その結果、新しいことにチャレンジしやすい環境が出来上がってくる。**トラブルが未来につながるチャンスにすらなる**のです。

さらに、いわば〝ゼロイチ派〟として認知されるようにもなります。ある種のセルフ・ブランディングの構築ができるというわけです。その後、僕はトヨタ初のスーパーカー「レクサスＬＦＡ」の開発にエントリーさせてもらえたのですが、もしかしたら、ワークステーションの一件も影響していたのかもしれません。

「賢いけど失敗できない人」より「少々バカでも失敗できる人」

ゼロイチを生み出すプロセスでも、おっちょこちょいが威力《いりょく》を発揮します。なぜなら、ゼロイチには「用意された答え」がないからです。たとえば、Ｐｅｐｐｅｒで、孫正義社長から与えられたのは「人と心を通わせる人型ロボットを普及させる」というテーマでしたが、「人と心を通わせるとはどういうことか？」「普及する人型ロボットとはどんなものか？」という問いに対する「答え」は、どこを探してもありません。かつて、誰も成功したことのないことなのですから、当たり前のこと。だからこそ、ゼロイチなのです。

では、どうやって「答え」を見出すのか？

試行錯誤《しこうさくご》を繰り返すしかありません。たとえば、「普及する人型ロボットとはどんなものか？」という問いに対して、「役に立つロボットだ」と思うならば、実際にそれを試してみる。重い荷物を運べるようにしてもいいし、毎朝起こしてくれるようにしてもいいでしょう。そして、それが「実現可能なのか？」「本当に人に喜ばれるのか？」を検証するのです。その結果、勝算《しょうさん》があれば、それをさらに磨《みが》けばいいですし、勝算がないと思うならばあきらめればいい。この繰り返しによって、「答え」ににじり寄っていくほかないわけです。

ここで力を発揮するのが、おっちょこちょいです。

なぜなら、深く考え込む前にやってしまうというフットワークの軽さがあるからです。**次から次に思いついたものをやってしまう。そして、その結果からフィードバックを受け取って、次のチャレンジに活かしていく。このプロセスをどれだけ速く回せるかが、ゼロイチの成否を握っている**のです。

おっちょこちょいですから、ときには、「そんなのうまくいくわけないだろ？」というような、ちょっと〝おバカ〟なチャレンジをすることもあるでしょう。だけど、僕はそれでいいと思うのです。なぜなら、すぐにやって、すぐに「これはダメだ」とわかれば、同じような失敗を自ら避けるような「相場観」が徐々に身につくからです。むしろ、**誰もが「バカな」と思うようなチャレンジをすることによって、**

もしかすると、誰もが思いもしなかったアイデアに巡り合うかもしれません。とにかくやってみなければわからないのです。

だから、僕は、ゼロイチにおいて、おっちょこちょいは美徳である、と考えています。

おっちょこちょいとは、失敗のリスクがあることに努力を惜しまないことでもあります。おっちょこちょいは、ちょっと〝おバカ〟かもしれませんが、とにかくやってみることで、無数の失敗から学びつつ、ゼロイチの「答え」を見出すことができるのです。

もちろん、「賢い」に越したことはありません。しかし、それが、ゼロイチを成功させる本質ではありません。実際、**「賢いけれど失敗のできない人」よりも、「ちょっと〝おバカ〟でも失敗できる人」のほうが結果を出しています。**「失敗」に対する姿勢こそが、本質的に重要なポイントなのです。

3▼「出る杭」だから引き抜かれる

プロジェクトに「指名される人材」になる方法

「出る杭」だからチャンスが来る

チャンスは自らつかむ――。

よく言われることですが、サラリーマンにとっては、必ずしも現実的ではありません。人事権を握るのは上層部。会社という組織に所属する以上、チャンスは与え・・・られるものなのです。

では、どうすればチャンスを与えてもらえるか？

「出世の方法」とは異なるかもしれませんが、ことゼロイチに関しては、「出る杭」になることだと思っています。「出る杭」になると叩かれることもありますが、だからこそ、タフな存在だと「認知」してもらえるとも言えます。

この「認知」が重要です。なぜなら、**重要なプロジェクトの人事案件が発生したとき、上層部のなかで「認知」されていない人物の名前が候補に挙がることはない**からです。当たり前のことですが、「認知」があるから「指名」される可能性が生まれるのです。

しかも、エリートとしての認知ではなく、「出る杭」としての認知であればこそ、ゼロイチのようなきわどいプロジェクトでは有効。「こういうきわどい仕事は、きわどいヤツが向いてそうだ……」などと思ってもらえる。いわば、「毒をもって毒を制する」という感じで、チャンスが巡ってくるのです。

それを僕は、トヨタ時代に痛感しました。

入社以来、僕はトヨタF1の開発チームに入ることを希望していました。しかし、F1は社内公募制となっており、それを通過しなければならないのですが、残念ながら、僕は応募条件すらクリアすることができずにいました。ネックとなっていたのが、英語です。

F1の本拠地はドイツ。世界各国からエンジニアが集まりますから、共通語は英語。そのため、ＴＯＥＩＣで８００点程度を取ることが条件とされていたのです。ところが、英語が大の苦手。当時の点数は、なんと９９０点満点の２４８点でした。ＴＯＥＩＣは４択問題。鉛筆を転がして当てずっぽうに回答しても、理論上は２４８点になるわけですから、僕の実力は実質的に０点ということ。まさに、絶望的な状況にあったわけです。

そんな僕が、どうしてＦ１への切符を手に入れることができたのか？

そのきっかけは、ＬＦＡにかかわっていたころのある出来事にありました。

「オマエ、何やってるんだ！」と役員に怒鳴られる

ＬＦＡのプロジェクトで、僕は「空気力学（空力《くうりき》）」のためにサスペンションを曲げるという、前例のない構造をサスペンション設計者にお願いしたことがあります。関係部署の説得には苦労しましたが、最終的には応援していただきながら図面を完成（項目16参照）。そして、「これで完璧だ！」と、喜び勇んで技術役員報告に臨んだのです。

ところが、僕が説明を終えるのを待たず、怒号《どごう》が響きました。

「オマエ、何やってるんだ！　空力なんかのためにサスペンションを曲げるんじゃない！」

会議オーナーの技術役員が激怒したのです。というのは、その方は、サスペンション設計の担当部署の出身だったからです。当時は、自動車開発において空力開発は脇役《わきやく》。主役のひとつであるサスペンション設計に比べれば、どうしても重要視されにくかった領域だったのです。にもかかわらず、入社数年の脇役部署の若造《わかぞう》が、主役の「聖域《せいいき》」を曲げるというのだから腹を立てないほうがおかしい。

こういう場合、普通は、いったん引き下がるもの――。

そんな処世術など、当時の僕にはわかりません。だから、愚《おろ》かにも、「いえ、曲げるべきです」と反論。粘りに粘ってしまったのです。もちろん、火に油を注いだだけ。結局、その役員は一歩も譲ってはくれず、設計図は却下。構成を変えて、再度提案することを命じられてしまいました。

「もうちょっと、うまくやれよ……」と、上司はもちろん他部署の先輩からも呆《あき》れられました。僕の要望に応えてくれたサスペンション設計の担当者も「サスペンションの性能はまったく問題ないんですけどね、親分にああ言われちゃったら……」

とあきらめムード。皆さんの努力が水泡《すいほう》に帰してしまって、「地雷を踏んでしまった……」と、しばらく落ち込んだものです。

しかし、それから1年――。

その出来事も忘れかけたころ、思いがけないチャンスが舞い込んできました。

F1チームへの異動を打診されたのです。願ってもないことですから、もちろん快諾《かいだく》。しかし、不思議でなりませんでした。なぜなら、僕のTOEICの点数はあいかわらず低迷。F1配属の基準をまったく満たしていなかったからです。

「記憶に残るスタッフ」と「その他大勢」

その「謎《なぞ》」が解けたのは、ずいぶんたってからのこと。

F1チームには、すでに日本からベテランエンジニアがオブザーバーとして現地入りしていました。男気《おとこぎ》のある侍《さむらい》のような先輩で、現地で私のメンターとしてたいへんお世話になった方です。その方から、後にこんな話を聞いたのです。

当時、成績が低迷していたF1チームは、空力を改善する必要に迫られていました。現地スタッフだけでは開発が行き詰まっており、トヨタ本社の空力エンジニアも派遣することで状況の打開を図ることになったのです。そして、そのときに、僕の名前を出してくださったのが、実は、ＬＦＡの設計で「オマエ、何やってるんだ！」と僕を怒鳴った役員だったのです。

空力エンジニアの派遣要請を受けた役員は、すでに現地にいた侍のような先輩にこう尋《たず》ねたそうです。「学究肌で優秀なエンジニアと、英語はからっきしだけど元気のいいヤツ、どっちがいい？」。これに対して、その先輩は、「レースは厳しい世界だし、どうせ過去の市販車の経験など役にたたないから、イキのいいヤツがいい。英語なんて、こっちに来ればなんとかなる」と回答。その結果、僕がＦ１に派遣されることになったというのです。

これには正直、驚きました。

なにせ、若気《わかげ》の至《いた》りで逆鱗《げきりん》に触れた方です。その方が、まさか僕の希望を叶《かな》えてくださっていたなど、思いも寄らないことでした。先輩は、「生意気だったお前のことが印象に残ってたみたいだよ」とおっしゃいました。本当にありがたいことで、その役員にも、〝侍エンジニア〟の先輩にも、今も感謝の気持ちでいっぱいです。

そして、その後、僕もマネジメントの立場に立って、少しずつわかってきました。ある程度の規模のプロジェクトを任されるようになると、多くの部下を抱えることになります。もちろん、その全員に公平に接することを心がけるのですが、こちらも不完全な人間です。**記憶に強く残る一部の部下とその他大勢に、どうしても分かれてしまう。そして、何かの機会に名前が出てくるのは、記憶に残っている部下。**

これは、人間である限りどうしようもないことだと思います。

純粋に「仕事」を追求するから、記憶に残る

では、記憶に残るのはどんな人か？

僕はひたむきに仕事に向き合う人だと思います。**純粋に「仕事」を追求している人は、純粋であるがゆえにある意味で未成熟で、しばしば社内に波風《なみかぜ》を立てるものです。**特に、ゼロイチのプロジェクトは、従来の枠組みを超えるチャレンジをするわけですから、他部署の仕事にも影響を与えざるをえません。そこには、必ず軋轢《あつれき》が生じます。「出る杭」にならざるをえないのです。

もちろん、かつての僕のように、バカ正直に役員に盾突《たてつ》くのが正しいわけではあ

りません。できるだけ軋轢を避けるために、処世的《しょせいてき》な立ち回りを身につけることも大切です。

しかし、**仕事で最も重要なのは、あくまでプロジェクトを成功させることであって、軋轢を避けることではありません。**笑われたり、怒られたり、呆れられたりしながらも、自分が考えに考え抜いたアイデアを実現するために純粋に努力する人は、多少出来が悪くても、必ず上層部の記憶に残ります。そして、その人にはいつかチャンスが訪れるのです。

だから、チャンスをつかむ方法はたったひとつ。

目の前のプロジェクトを成功させることを純粋に追求する。そして、自分なりに考え抜いて「これをやる！」と決めたら、「出る杭」になることを恐れず、その実現のために全力を尽くすことなのです。

「出る杭」は叩かれるだけではなく、引き抜かれる存在でもあるのです。

4▼「謙虚」に逃げ込まない

〝図々しい人〟だけがゼロイチのキャリアを手にする

深く考えすぎずに、まず手を挙げる

謙虚《けんきょ》であることは美徳です。

謙虚な気持ちを養わなければ、組織のなかでゼロイチを実現することはできません。会社でのあらゆる仕事はチームプレイ。相手の立場を尊重し、相手の意見に真摯《しんし》に耳を傾ける姿勢がなければ、誰も力を貸してはくれないからです。

ただし、注意も必要です。謙虚という言葉が自分の「逃げ場所」になってしまうことがあるからです。ゼロイチとは、いわば〝分不相応《ぶんふそうおう》〟なチャレンジ。だからこそ、失敗するリスクも高い。しかしそこで、**「控え目でつつましくなければならな**

い」と自分に言い訳しながら、〝安全地帯〟にとどまる選択をしてチャレンジから逃げてしまうことがあるからです。

これは謙虚の誤用《ごよう》。むしろ、僕は、自分のキャリアについては、図々しいくらいでちょうどいいと思っています。

振り返ってみれば、僕はずいぶん図々しい人間だと言えます。

「やりたい！」と思ったら、深く考える前に手を挙げてきました。

たとえば、F1。英語がまったくできず、応募基準も満たしてないのに、F1行きを希望しました。努力してから希望を言うのが謙虚な姿勢でしょうから、「図々しい」を通り越して、「身の程知らず」と思われても仕方ありません。

さすがの僕も、その認識はありましたが、行きたい気持ちを抑えて、心の内に留めておくことができない。**人からどう思われようが、それは、その人が思うこと。ダメならダメと蹴《け》ってくれればいいわけで、誰かに迷惑をかけるわけでもない。**遠慮するのは、受け入れられないことを恐れて格好をつけているだけなのかもしれません。むしろ、ダメ元でも希望を表明しておかなければ、その願いが叶《かな》えられる可能性は限りなくゼロに近づきます。だから、手を挙げなければ損だと思うのです。

そして、このとき図々しく手を挙げていたからこそ、ひとりの役員の目に留まり、僕は、F1への切符を手にする幸運に恵まれたのです。

“安全地帯”にとどまる限り、絶対に成長できない

もちろん、“分不相応”なチャレンジをすれば、その分だけ苦労をします。

F1でも、ずいぶん苦労しました。なにしろ、世界中からF1の経験が豊富で優秀なエンジニアが集結しているのです。彼らが思いつかないような、ゼロイチのアイデアを形にしていかなければならないのだから、強烈なプレッシャーを感じたものです。

最初の障壁《しょうへき》となったのは英語。もちろん、渡欧《とおう》するまでに英会話学校に通うなど勉強をして、TOEICの点数も500点を超えるくらいにはなりました。だけど、もちろん、それでは現場で通用しません。

日常会話もろくすっぽできないのですから、開発現場で交わされる議論に加わることなどできません。文書もすべて英語ですから、読み解くだけでも一苦労。膨大《ぼうだい》で複雑な英語のルール集（レギュレーション）を熟読して頭に叩き込まなければな

らないのも、僕にとっては大きなハンディキャップでした。

屈辱《くつじょく》のあまり、思わず涙がこぼれたこともあります。

あるエンジニアと意見が対立したときのことです。どう考えても、相手の主張は技術的に誤っているにもかかわらず、僕の英語では適切な反論ができない。感情がたかぶればたかぶるほどに、通じる英語が出てこなくなるのです。相手もそれをわかっていて、僕がまごついてるうちに、一方的に押し切ってしまう。情けなくて、悔しくて、知らないうちにポロッと涙が流れて、自分でも驚きました。

だけど、こんな悔しい思いを数多くしたからこそ、僕は英語を克服できたのだと思います。「このままではF1界で生き残れない」という切迫感《せっぱくかん》と、「このままやられっぱなしでたまるか」という反骨心《はんこつしん》。これらが原動力となって、必死になって英語にくらいつくうちに、メンバーと対等に議論ができるようになっていたのです。

それに、コミュニケーション・スキルのマイナスを技術力で補うためにも、より一層、技術への向き合い方も真摯《しんし》になりました。それはまるで、目の見えない人の聴覚《ちょうかく》が、健常者より鋭敏《えいびん》になることと似ている気がします。そして、結果を出すためにひたすら仕事に没頭《ぼっとう》するうちに、徐々にエンジニアとしても一人前の仕事ができるようになっていったのです。

「泳ぎは水に入らないと覚えない」

日本で昔から言われることですが、まったくそのとおりだと思います。

〝安全地帯〟にとどまっている限り、人間は成長することはできません。〝分不相応〟な環境に、図々しく飛び込んでいって、時に溺《おぼ》れそうになりながら、必死でもがいているうちに泳ぎを覚える。これが、成長の鉄則だと思うのです。

必死にもがくうちに〝分不相応〟が〝分相応〟になる

本当に溺れたらどうするのか？

そう心配する人もいるかもしれません。

最近は「危険に近づかない」という教育が盛んなので、そのような方針の親のもとで今日まで育てられた世代にとって、それは実に深刻な心配のはずです。

しかし、人間はよくできたもので、苦しい局面を迎えたとしても、心身の健康さえ保っていれば、たいていのことは解決することができるものです。もっと具体的に言えば、**しっかり寝て、自分が生来《しょうらい》もっている生命力を取り戻すことができれば、なんとかなります。**守りに入らず挑戦さえしていれば、なぜか自然と力がみなぎってきて、解決策が思い浮かんだり、誰かに相談して助けてもらったり、いろんな「打ち手」が見えてくるもの。会社のなかで働く限り、生命力さえあれば、そうそう溺れるようなことにはならないのです。

　それに、溺れそうになって、やむをえず引き返してしまったとしても、会社をクビになるわけでもありません。懸命に努力をしたのであれば、また、次のチャンスを与えてもらえるはずなのです。

　だったら、遠慮する必要などないではありませんか。図々しく〝分不相応〟なチャレンジをさせてもらったほうがいい。そして、**何度も溺れそうになって、必死になってもがくうちに、かつて〝分不相応〟だったことが〝分相応〟になっていることに気づくはず**です。そんな経験を重ねることで、より大きなチャレンジをする度胸がついてくるのです。

　ありがたいことに、僕はトヨタで〝分不相応〟なチャレンジをたくさんさせていただきました。でなければ、僕は、Ｐｅｐｐｅｒの開発リーダーというチャンスをつかむことはできなかったのではないかと思います。

孫正義社長に「ウチに来い。ロボットをやってほしい」と声をかけていただいたとき、僕は「やります！」と即答《そくとう》しました。これは、ほとんど動物的な判断。不安がないと言えば嘘になりますし、勝算を考えるには情報が少なすぎる。「失敗したとしても、ほかでできない経験だからやる」という以外に理由はありませんでした。いわば、好奇心と度胸だけで返事をしたのです。そして、こんな判断ができたのも、トヨタで〝分不相応〟なチャレンジをしてきたからだと思うのです。

チャンスは一瞬で消え去ってしまう

もしも、あのとき、「ロボットはやったことがないので、少し考えてから返事をさせてください……」「もう少しビジネスモデルを詳しく教えていただけないでしょうか……」と煮え切らない返事をしていたら、任せてもらえたでしょうか？

孫社長の一世一代のプロジェクトなのですから、自信のない人間に任せるわけがありません。それに、僕より優秀なエンジニアなど、この世にはたくさんいます。名声も財力もある孫社長ならば、いくらでも優秀な人物を引っ張ってくることができるはずです。そして、誰かが開発リーダーとなってつくられたPepperが世に出たとき、僕は地団駄《じだんだ》を踏んで悔しがったに違いありません。だけど、そのときには、もう後の祭りなのです。

チャンスの神様に後ろ髪はない――。

西欧のことわざにあるとおり、チャンスはすぐにつかまえなければ、一瞬で消え去ってしまいます。そして、取り逃したチャンスは、二度と戻っては来ないのです。

だから、「謙虚」に逃げ込んではなりません。

どんなに〝分不相応〟に思えても、それが自分の好奇心を十分にくすぐるものならば、四の五の言わずに「やります!」と手を挙げる。

そんな図々しさが、結果的にチャンスを呼び込み、ゼロイチのキャリアを切り拓いてくれるのです。

5▼場を乱す「ナマズ」になる

「コンフリクト」のない場所にゼロイチは生まれない

なぜ、ヴェルサイユの鯉はブクブクに太ってしまったか?

F1でドイツに赴任《ふにん》していたころに、面白い話を聞いたことがあります。ヴェルサイユ宮殿の鯉《こい》の話です。

昔、ヴェルサイユ宮殿の庭の池には、美しい鯉がたくさん泳いでいました。そして、貴族たちは、優雅《ゆうが》に泳ぐ鯉の姿を楽しんでいました。しかし、あるとき、鳥が鯉を食べるのを目撃した人々は、大事な鯉を守るために防護網《ぼうごもう》を設置。そのほかにも、鯉が安心して泳げる環境にするために、池の中に手を加えていったのです。

ところが、なぜか鯉が泳がなくなったそうです。いつも岩陰《いわかげ》でじっとエサを待つだけ。そして、あっという間に、運動不足でブクブクに太った醜《みにく》い姿になり果てたのです。昔の優雅な姿を偲《しの》んで、「最近の鯉は……」と囁《ささや》かれていたそうです。

どうすれば、鯉がかつての美しい姿を取り戻すのだろう？

人々は、あれこれと試行錯誤《しこうさくご》。なかなか効果が出なかったのですが、あるとき、ある方法によって劇的に効果が上がったそうです。これが、非常に面白い。

なんと、鯉の天敵《てんてき》であるナマズを一匹、池に放したのです。すると、その瞬間からナマズを警戒《けいかい》して、鯉が必死で泳ぐようになった。そして、ほどなく、かつての美しい姿を取り戻したのです。人々は鯉を大事に思うがゆえに、環境を整備して天敵を排除したのですが、それが、結果として鯉を醜い姿に変えてしまったのです。鯉が健全で美しくあるためには、天敵の存在が不可欠だったということです。

これは、人間の組織にも当てはまることではないでしょうか？　たとえば、あるベンチャー企業がヒット商品をつくり出して、一定の成功をおさめたとします。すると、その商品を安定的、かつ高品質に供給し続けるために、設備の充実や業務の標準化などが図られます。多くの社員を採用するために、人事制度や福利厚生《ふくりこうせい》も充実させるでしょう。そうして環境が整備され、事業も安定するわけです。

しかし、一方で、多くの場合、〝ヴェルサイユの池〟のような状況が生まれる反作用も生じます。かつて、創業メンバーがヒット商品を生み出すために、激論をかわしながら、昼夜を問わず必死に働き続けた「企業文化」は影を潜《ひそ》めます。そして、事業を効率的・安定的に進めることが第一義になり、決められたプロセスを遵守《じゅんしゅ》することが最重要と考える人々が増え始めます。

しかも、事業の安定化のプロセスではミスをなくす仕組みづくりに力を注がれるがゆえに、いつの間にか失敗しないことが優秀さの証《あかし》にさえなってしまう。自然と、失敗するリスクの高いゼロイチにチャレンジする動機も失われていくのです。

「正しい」と思うことを主張すれば、味方が現れる

そして、僕はF1チームが〝ヴェルサイユの池〟のように感じられました。世界中から精鋭《せいえい》が集められたチームですから、僕は、そこには丁々発止《ちょうちょうはっし》の緊張感がみなぎっていると想像していました。ところが、熱の入った議論は思ったより少なく、既定路線の延長をひたすら頑張ってしまう。やんちゃな大人が集まっているはずなのに、なぜか妙に大人びて訳知り顔でいる。健全なコンフリクトを感じずに、

予定調和が支配しているように感じたのです。

そこには、万年中位のチームにありがちな「自分が何をやっても変わらない」という閉塞感《へいそくかん》も漂っているように思いました。いわば、現状追認《げんじょうついにん》。まるで、ヴェルサイユの鯉。だから、僕は、それをかき乱すナマズになろうと思いました。

もちろん、何でもかんでも議論をふっかけるわけではありません。

自分が正しいと思ったことは、どんなに少数意見であっても強く主張する。F1の素人でしたが、自分なりによく考えたうえで「これは、いける！」というアイデアであれば、ひるむことなく堂々と口にする。チームが間違った判断をしていると思ったら、率直にそれを言ってみる。そんな、いわば当たり前のことを、徹底的にやってやろうと思ったのです。

その機会は、すぐに訪れました。

僕の考案したフロントウィングが、ベテラン勢の大反対を食らったのです。

その形状が「美しくない」というのが理由でした。

自然界で飛翔《ひしょう》する生物は美しい形状をしている。美しくないものは、空気力学的な性能が出ないので生き残れないのだ、と。たしかに、それは真理かもしれません。

しかも、僕の提案したフロントウィングは、たしかに不格好なデザインでした。ただ、それには明確な理由がありました。すべてのF1チームに義務づけられるルール集（レギュレーション）の規定により、僕のアイデアを実現するためには、どうしても不格好に曲げざるを得ない部分があったのです。だから、僕は真《ま》っ向《こう》から反論。僕に言わせれば、不自然なのは人間がつくったレギュレーション。それに合わせた結果、不自然な形状になるのは、むしろ自然ではないか、と主張したのです。

もちろん、不格好であっても、そのフロントウィングで効果が出ることは、コンピュータ・シミュレーションで解析済。むしろ、誰もがレギュレーションの制約を意識するがために、他のチームからは絶対に生まれないゼロイチのアイデアだと確信していたのです

しかし、F1経験の浅い僕の主張を、ベテラン勢はほぼ全否定。でも、不思議と孤立はしませんでした。そんな僕の姿勢に共感してくれるチームメイトが現れ、アイデアの実現に力を貸してくれるようになったのです。これは、嬉しかった。そして、レースカーに実装《じっそう》されることが決定。なんと、その不格好なフロントウィング

を採用したレースでチーム初の表彰台に立つことができたのです。

これは、一緒に働くメンバーたちに、それなりのインパクトを与えたようでした。僕のような新参者《しんざんもの》で、かつ英語もろくに話せない人間が、ベテラン勢の反対を押し切って、しかも結果まで残したのです。それを見て「俺だって」と思う人が現れないはずがありません。僕の不格好なウィングを、もっとスマートな形状に置き換えるべく執念《しゅうねん》を燃やす人も出てきました。そして、チーム内で「率直な議論」がかわされる機会が増えることによって、徐々にではありますが、組織が活性化する場面に遭遇《そうぐう》するようになっていったのです。

アイデアは「批判」によって鍛えられる

もちろん、ナマズでいれば批判は避けられません。

チーム内の予定調和から外れようとするのだから、それは当然のことです。しかも僕はゼロイチのアイデアにこだわっていたから、なおさらです。ゼロイチは、上司や同僚の常識、業界の常識から外れているケースも多いですから、批判にさらされない程度ならゼロイチではないとさえ言えます。

もちろん、批判を受けるのは苦痛です。しかし、ゼロイチにとっては、この批判を受けるプロセスが不可欠。なぜなら、すべてのゼロイチの種となるアイデアは「仮説」にすぎないからです。**批判にさらされ、率直な議論をかわすことによって、「仮説」を検証して精度をあげるプロセスが絶対に必要**なのです。

そのためには、まず第一に、周囲の思惑《おもわく》を度外視《どがいし》して、自分が正しいと思うアイデアを堂々と主張してみることが大切。**批判を恐れて、〝尖《とが》ったアイデア〟を丸めてしまっては、正しい検証プロセスを経ることができない**からです。

第二に、**どんなに厳しい批判を受けたとしても、「人格攻撃《じんかくこうげき》」をされているわけではないとクールに受け止める**ことです。慣れていないと、ここで感情的に反発したくなる衝動《しょうどう》がこみ上げますが、それでは「傷つけあう」だけで終わってしまいます。

それよりも、批判や意見は一度すべて受け止めることです。感情的になっている相手や、凹《へこ》んでいる自分を客観的に受け止め、冷静に状況を認識する。「メタ認知」と呼ばれる手法で、自分を客観視するのです。

そのうえで、「プロジェクトの目的を達成するために、批判を受け入れるべきかどうか」をひとつずつ検証していきます。必ずしも批判そのものが正しいとは限りませんが、そこにヒントが隠されていることは少なくありません。自分が見過ごしていた観点を与えられることがあるのです。その場合には、相手に感謝したうえで、批判によって得た気づきを受け入れ、初期のアイデアに修正を加えればいい。その結果、アイデアはさらに磨き上げられるでしょう。

一方、じっくり考えた結果、やはり「その批判はあたらない」と思えるのであれば、批判者が上司であろうが多数派であろうが、その批判に負けず、しなやかに自らの主張を貫く努力をすべきです。一度、**客観的な検証を経たアイデアは、必ず、その強度を高めています。**きっと、より説得力をもって、批判に抗《こう》することができるはずなのです。

だから、ゼロイチを志すならば、自ら率先してナマズになる覚悟が必要だと思います。それによってコンフリクトも生じますが、同時にアイデアを磨くチャンスも得られます。さらに、組織が〝ヴェルサイユの池〟に堕《だ》すことも防ぐことができるのです。

6▼恐怖の「壁」を破壊する方法

「恐怖心」にとらわれると大きなリスクを招く

「恐怖心」を無理に打ち消そうとしない

ゼロイチには恐怖心が伴います。

誰もやったことのないことにチャレンジするのですから、当然、失敗する確率が高い。「会社に損害を与えてしまうのではないか？」「会社のためにやっても、リスクをとった自分だけバカをみるのではないか？」「評価が下がるのではないか？」「痛い目にあうんじゃないか？」……。そんな不安がこみ上げてきて、最初の一歩を踏み出すのが怖くなるのです。この**恐怖心こそが、ゼロイチへの最大の障壁《しょうへき》かもしれません。**

思い返せば、僕自身、ゼロイチにチャレンジするときは、いつだって怖かった。実績ゼロのままLFAにエントリーされたときも、ろくに英語もできないのにF1に配属されたときも、トヨタを辞めてソフトバンクに転職したときも……。もちろん、今もそう。自らの手で起業するのは初めての体験。これまでとは比較にならないリスクがありますから、恐怖心に襲われることは当然のようにあります。

でも、僕は恐怖心を気合いだけで打ち消そうとは思いません。

なぜなら、怖いものは怖いからです。「失敗を怖れるな」とよく言われますが、失敗は誰だって怖い。それは、人間の自然な反応。それを気合いで無理に打ち消そうとしても、単なるやせ我慢に過ぎない。問題の先送りをしていると思うのです。

では、どうするか？

僕は、恐怖心を感じている自分を客観的に見るようにしています。自分の感情や思考、その結果としての行動を、映画の登場人物のように観察するのです。いわゆる「メタ認知」と呼ばれている思考法です。「ああ、今、林要は怖がってるんだな……」と他人ごとのように眺めて、「なぜ、怖がっているのか？」と考えてみるのです。

これだけでも、少し冷静になれます。「怖い、怖い」とだけ思っていると、恐怖心に飲み込まれて身動きが取れなくなってしまいますが、**恐怖心を感じている自分を客観的に見つめようとすることで、その感情から一歩離れることができる**のです。

こうして冷静になるのが、恐怖心を克服する第一歩です。

「感情」を離れて、やるべきことに集中する

感情から離れて、冷静になったら状況を分析します。

たとえば、トヨタを辞めるとき、僕は不安と恐怖でいっぱいでした。孫社長に誘っていただき、エイヤッと「やります！」と答えたのはいいのですが、その後、いろいろ考えるとだんだん怖くなってきたのです。そこで、こんなことを考えました。

なぜ、林要は怖がっているのか？

これまで、トヨタで多少の実績をつみ、それなりのポジションも獲得した。そんな、将来を比較的見通すことのできる安定した生活を手放して、見通しの悪い新しい環境に飛び込むのが怖い。それに、ロボットは門外漢《もんがいかん》。林要に「できる」という確証はどこにもない。そして、Ｐｅｐｐｅｒの開発に失敗すれば、ソフトバンクに

居場所はないだろう。だからこそ、トヨタという超安定企業の庇護下《ひごか》から飛び出すのは怖い……。

では、転職しなかった場合のリスクは？

何よりも、事後の後悔。心の底からワクワクするＰｅｐｐｅｒのプロジェクトを自分があきらめ、他の誰かが成し遂げてしまったら、それを見て一生悔いることになるかもしれない。「人と心を通わせる人型ロボットを普及させる」というゼロイチに挑戦できるチャンスなどそうそうない。そこでしか得ることのできない「経験《けいけん》知《ち》」があるはず。それを端《はな》からあきらめるのは、あまりにももったいない。

新しい環境に飛び込むのは、たしかに怖い。だけど、新卒でトヨタに入社するときも、確か同じようなことを感じていた。自分が何者かもわからないままトヨタに飛び込んだけれど、ここまでやってこれたわけだ。同じことをソフトバンクで再度やればいいだけじゃないか。それに、ロボットは門外漢だが、モノづくりという点では自動車もロボットも同じ。これまでの知見《ちけん》は必ず生きる。それに、門外漢だからこそ提供できる目線もきっとあるはずだ。

もちろん、失敗するかもしれない。だけど、今の時代、仕事で命まで取られるわけじゃない。むしろ、トヨタでの経験にPepperの経験が加わることによって、林要のポテンシャルは高まるはずだ。ソフトバンクを離れても、どこかで生きる場所はきっと見つかる。何があっても、今の日本ならば、生活水準を落としさえすれば家族を養っていくことはできるはず……。

このように、メリットとデメリットを冷静に挙げていったのです。

そして、トヨタを辞めるのは、決して命をかけるような「無謀《むぼう》」なことではないことがわかってきます。恐怖心が消えるわけではありませんが、裸一貫《はだかいっかん》のつもりでチャレンジする覚悟が固まってくるのです。

すると、「自分が今やるべきことは何か?」と思考が切り替わります。大事なのは、すべての力をPepperに集中させること。リスクを取るからには、1秒たりともムダにしてはならない。そこで、まず、通勤の消耗《しょうもう》を抑えて仕事に全力を傾けられるように、ソフトバンクから徒歩圏内《とほけんない》のアパートを探すところから着手。こうして、「今できること」に集中して、行動に移していくことで、僕は恐怖心を克服していったのです。**考え込んでいても一向に消えない恐怖心ですが、些細《ささい》なことでも行動に移していくと、意外に怖くなくなっていく**もののです。

幻想としての「恐怖心」を信じてはならない

そもそも、僕は「恐怖心」を信じすぎてはならないと考えています。

なぜ、人間は「未知なるもの」に対して本能的に恐怖心を抱くのか？　僕は、それが、生物として生き残るために必要な機能だったからだと思います。

おそらく、他の動物と同様、類人猿《るいじんえん》だった時代は、未知なるものに強い恐怖を抱かなければ生き残ることができなかったのでしょう。たとえば、ジャングルのなかで生活していた類人猿が、不用意に見晴らしのいい平原に出て行けば、あっという間に獰猛《どうもう》な肉食獣《にくしょくじゅう》の餌食《えじき》になったはずです。危険に満ちた世界では、恐怖心というセンサーによって行動を抑制する必要があった。あるいは、恐怖心をもつ種だけが生き残ったのだと思うのです。

ところが、人類は、この数千年の間に文明を構築。かつてとは比較にならないほど安全な環境を手に入れました。その結果、「未知なるもの」に対して本能的に感じる恐怖と、実際のリスクがかい離するようになったのではないでしょうか？

なにしろ、人類の歴史は数十万年にも及びます。それだけの長期間にわたって築かれてきた本能としての恐怖心という、DNAに刻まれた生き残るための機能が、たかだか数千年で調整されるとは考えにくい。だから、僕たちが感じる恐怖心が過《か》剰《じょう》である可能性は十分にあると思うのです。つまり、**もしかすると、恐怖心にとらわれ過ぎるのは、幻想《げんそう》に惑《まど》わされているのと同じなのかもしれない**のです。

もちろん、**恐怖心そのものは重要なサイン**です。

僕たちは、いろいろなトライをして、たくさんの失敗を積み重ねると、その結果として、新たなチャレンジする過程でも、「このまま行ったら危険だ」「これはうまくいかないんじゃないか」という虫の知らせを感じるようになります。こうした相場観、いわば経験に裏打《うらう》ちされた恐怖心は、直感的に危険を避けるきわめて重要なサインです。あるいは、恐怖心があるからこそ、細心の注意を払って行動をすることができるため、結果的に成功の確率を上げることもできるわけです。

しかし、経験に裏打ちされていない、「幻想」としての恐怖心には注意が必要。それにとらわれすぎて、**実際には許容《きょよう》できるリスクすら取ろうとせず、行動を抑制してしまうのは、逆に危険。**なぜなら、人間の脳は「経験」によって鍛えられるからです。恐怖心という幻想におびえて、できたはずの「経験」をしなければ、適切な相場観も鍛えられず、自らのゼロイチ達成能力自体を削《そ》ぐことになってしまいます。成功・失敗以前に、「やらないこと」そのものに大きなリスクが伴うのです。

ゼロイチは、常に「未知なるもの」です。

だから、恐怖心を感じるのは当然。ただし、その恐怖心を信じすぎてはいけません。「メタ認知」を通して、実際のリスクを冷静に考察する。そして、ギリギリ許容できるリスクであれば、思い切ってチャレンジすることが大切です。

はじめは、小さなリスクで練習すればいいと思います。成功しようが失敗しようが、そのチャレンジをやり抜くことで、必ず「経験知」が蓄積されます。その**「経験知」の総量が、僕たちの「ゼロイチ力」そのもの**なのです。

第2章 ゼロイチの主戦場は「無意識」である

7▼「不満」の多い人ほどゼロイチ向き

「不満」や「違和感」には、驚くべきゼロイチが隠されている

「不満」は重要なサインである

不満が多い人――。

普通、こういう人はネガティブな評価を受けます。

たしかに、何をやっても不満ばかりを言う人と一緒にいるのはイヤなものですし、仕事に対して不満ばかり口にする人で、目覚ましい成果を上げた人も見たことがありません。不満を常に口にしているのは、自分にネガティブなおまじないをかけ続けているようなものだからでしょう。

しかし、だからと言って、不満を感じることそのものを否定すべきではありませ

ん。そもそも、世の中には、「合理的に考えて、不満をもって当たり前だよね？」ということはしばしばあります。そんな「合理的な不満」を抑え込むのは精神衛生上よくありません。むしろ、僕は、そんな不満を多く感じられる人ほどゼロイチには向いていると思うのです。

なぜなら、**「不満を感じる」ということは、世の中に対して「違和感」を感じるセンサーが鋭敏《えいびん》な証拠**だからです。感性が鋭い、とも言えます。「何かが足りない」とか、「何か余分なものがある」とか、とにかく不合理的で不便だったり、その場に相応《ふさわ》しくないことがあるからこそ、僕たちは不満や違和感を感じるわけです。であれば、その「何か」を最適な形にすればいい。そして、**不満や違和感を解消することができたとき、それをゼロイチと言う**のです。

つまり、不満や違和感は、ゼロイチの重要なサインなのです。

だから、僕は、日常生活のなかで感じる不満や違和感を大切にしています。たとえば、財布。僕は、どういうわけか財布が分厚くなるのがイヤで仕方がない。お金がたくさん入っていて厚いならまだ自分をなだめることもできますが、そういうわけではないのにカードやら何やらであっという間に財布が分厚くなってしまいます。

重たくなるし、ズボンのポケット入れると不格好になる。それに、キーケースと財布の両方を持つのも面倒くさい。

最悪なのは、財布をなくしたとき。銀行、カード会社、運転免許証……。四方八方に連絡をして、ウンザリするほど面倒くさい手続きをしなければならない。だから、財布を手にするたびに、心のなかでブツブツ不満を言っていたわけです。

「不満」を掘り下げると、アイデアが生まれる

そんなある日、こんな疑問を持ちました。

「そもそも、なぜ財布を持ち歩く必要があるのか？」

そして、ハッと気づいたのです。

要するに、「自分が自分であること」を証明できないからだ、と。

どういうことか？　銀行口座には自分のお金が入っています。しかし、その銀行口座を所有している「林要」という人物と、今、お店のレジでお金を支払おうとしている僕が、「同じ人間である」ことを証明することができない。だから、お金という現物を持ち歩くしかないわけです。

カードもそう。自分が、カード会社に登録している「林要」という人物と同一人物であることを証明するために、カードを持ち歩いている。鍵だって同じ。鍵という物体を持っていることが、家主《やぬし》である「林要」と自分が同一人物であることの証明になるわけです。

つまり、「お金」「カード」「鍵」などの物体に頼らずに、自分が自分であることの証明ができれば、これらはすべて不要になるということ。だったら、自分の身体《からだ》を使えばいい。生体認証《せいたいにんしょう》は銀行でも使われている。あれをもっと手軽に、かつ安全に使う技術を考案すれば、僕の不満は綺麗《きれい》さっぱり解消されます。しかも、世の中の絶対多数の人々も、意識しているかどうかは別にして、同じような不満は感じているはずだと思ったのです。

ここに、ゼロイチがある――。

そうにらんだ僕は、既存の認証技術の問題を検討して、それを解決するための特許を出願。それをビジネスプランに落とし込んで、ソフトバンクアカデミアでプレゼンすることにしました。人前に立つのが苦手な僕は、いつもプレゼンを苦にしていましたが、このときは、自分の切実な感情から出発した企画でしたから、実感を込めて話すことができました。そして、孫正義校長も身を乗り出して聞き入ってくださり、事業化検討案件にも選んでいただけたのです。

もっとも、このビジネスプランそのものは、初期投資が巨額になることもあって、会社としての実行は断念《だんねん》。しかし、このプレゼンがソフトバンクアカデミアで上位入賞したことで、**自分の肌感覚から出た不満や違和感をもとにした事業プランが、いかに人々の共感を得るかを実感。**市場分析をもとにした〝コンサル的〟な事業提案との威力《いりょく》の違いを肌で知ることができました。

「こういうものだから、仕方がない」と考えてはならない

日ごろの仕事でも同じです。

僕は車が好きで、機会を見つけては大小問わずいろんな車に乗ってきました。そして、感動や快感などのポジティブな感情はもちろん、不満や違和感などのネガティブな感情も、どんなささやかなものでも取りこぼさないように注意を払ってきました。そのうえで、「どうすれば、不満を解消できるか？」を日常的に考えることが、トヨタでの仕事に非常に大きなヒントを与えてくれました。

Ｐｅｐｐｅｒのときもそうです。開発リーダーになった僕は、まず何よりも、とにかくたくさんのロボットを実際に体験することに労力を費やしました。そして、「なんとなく怖いな（可愛くないな）」「技術がすごいのはわかるけど、実際に使おうとは思わないな」などと素人目線で体感するのです。こうした体験を経なければ、Ｐｅｐｐｅｒをどんなロボットにすれば、市場に受け入れられるようなものにできるのかが肌感覚でつかめないからです。

だから、不満を否定してはなりません。

むしろ、**自分が感じている不満を大事にせず、「こういうものなんだから、仕方がない」と思い込むほうがよほど問題。**「財布とは、こういうものだ。仕方がない」と考えてしまうと、その先には何も生まれません。

もちろん、不満に飲み込まれて、ただイライラしているのはもっとダメ。それは、単に人生をネガティブなものにするだけでしょう。だから、重要なのは、自分の不満や違和感をきっかけに考えることです。

「なぜ、この不満は生まれるのか？」

「どうすれば、この違和感を解消できるのか？」

このような思考法を癖《くせ》にして深めていけば、その先には、必ずゼロイチのアイデアが待ち受けていると思うのです。

個人的な「不満」や「違和感」こそが重要

それも、**値打ちがあるのは、あくまで個人的な不満や違和感**だと思います。なぜなら、個人的な不満や違和感こそが個性だからです。

僕の「財布」がいい例かもしれませんが、「こんなことが気になるのは自分だけかもしれない」「気にしすぎかもしれない」「マニアックかもしれない」と思う不満や違和感にこそ、他の人が気づかないヒントが隠されています。だから、そこにこそ、ゼロイチに通じる最も太い「道」があると思うのです。

それと同時に、僕たちは、みんな同じ人間です。**個人的な不満や違和感であっても、それが心の深い部分から発するものであれば、他の人々も潜在的に似たようなものを感じているはず**なのです。自分の不満や違和感を糸口に、みんなの不満や違和感を察知し、それを解消するアイデアが見つかれば、きっと多くの人に喜ばれるに違いないと思うのです。

この意識をもつと、人生が異なって見えてきます。
日々、僕たちは無数の不満や違和感を飲み込みながら生きています。
しかし、その**不満や違和感の一つひとつが宝物**なのです。
そこから、いくらでも発想を広げることができる。
そして、そのなかに驚くべきゼロイチが隠されているはず。
そんなことを考えるだけで、僕はワクワクしてくるのです。

8▼「制約条件」こそアイデアの源である

「自由な場所」にゼロイチはない

「制約」があるから「脳」は動き始める

自由でなければ創造性を発揮することはできない……。

ときどき耳にする言葉ですが、僕は、これは間違いだと思っています。むしろ、何かを生み出すときに大切なのは「制約条件」。これを明確にすることが、創造性を発揮する第一歩なのです。

それを最初に教えてくれたのは、あるカーデザイナーでした。

トヨタでレクサスLFAの担当をしていたときのこと。僕は、今まで見たことのないようなカッコいいデザインにしてもらおうと、「技術上の要件《ようけん》は考慮せず、自由に考えてほしい」とお願いしました。制約を外したまっさらな状態で、自由に創造力を発揮してもらいたい。そのほうが、デザイナーも仕事がしやすいはず。きっと、これまでにない斬新《ざんしん》なデザインを生み出してくれるだろう、と考えたわけです。

ところが、なかなか仕事は進みませんでした。待てど暮らせど、デザイン案が上がってこない。怪訝《けげん》に思っていると、デザイナーが困り顔で僕のところにやってきました。そして、「何か少しでもいいから、技術的に正しい方向での制約条件がほしい」と訴えてきたのです。

これには、驚きました。

空気力学のエンジニアだった僕は、常に制約と戦ってきました。それを不自由に感じていたからこそ、デザイナーには、あえて制約を外して考えてもらおうと思ったのです。「自由だからこそ、創造力を発揮できる」と思い込んでいたわけです。

ところが、「制約条件がほしい」と言う。これは、一体どういうことか、と驚いたわけです。しかし、改めて、自分の仕事を振り返ったときに、わかってきました。僕自身、制約があるからこそ、アイデアを考え出すことができたのだ、と。

空気力学のエンジニアにとって、車は制約の「塊《かたまり》」です。たとえば、車には、必ず人が乗るスペースが必要です。だから、乗用車の場合には、横から見て人の乗る中央部が膨《ふく》らんだ形状にならざるをえません。しかし、これは、空気力学的には「浮力《ふりょく》」を生む形状。ところが、ＬＦＡで僕に求められたのは、空気力学を使って車体を地面に押し付ける「ダウンフォース」を生み出すことですから、中央部が膨らむ形状そのものが大きな制約になるわけです。

しかし、だからこそ「脳」が動き出します。

この制約をクリアするアイデアが出ない限り、一歩も先に進むことができないからです。言い換えれば、**制約を起点に強制的に考えざるを得ないというわけ**です。

たとえば、最も簡単にダウンフォースを生み出す方法は、リアウィングをつけること。しかし、ＬＦＡを上品なスーパーカーにしたいと考えているチーフエンジニアはよい顔をしません。そこで、リアウイングの可動化を提案。ただし、それだけでは、車両後方のダウンフォースしか生まれずバランスが悪い。だから、車両全体でダウンフォースを生み出すためには、車体と地面の間の空気の流れを利用するしかない……。

このように、**いくつもの制約条件が積み重なることによって、「思考の焦点」が**

定まってくる。そして、脳に負荷をかけて考え続けることによって、「これだ！」というアイデアがひらめくわけです。逆に言えば、**ヒトの脳というものは適切な制約がなければ、「思考の焦点」が定まらず、何をやったらいいのかがわからなくなってしまう性質がある**ようなのです。

こうして、僕は制約こそアイデアの源であることを深く認識。制約に苦しめられていると思っていましたが、よくよく考えると、制約があることで「脳」を使うきっかけを与えられていたことに気づいたのです。

ゼロイチに着手するときは、まず「制約条件」を明確にする

だから、僕は、**新しい仕事を与えられたときは、必ず、制約条件を明らかにすることから着手する**ようにしています。

特に、ゼロイチの場合は、これが必須《ひっす》。ゼロイチには前例がありませんから、一見、自由に見えます。あらゆる可能性があるように見えるのです。しかし、その結果、アイデアの方向性が定まらず、プロジェクトが迷走しがちだからです。

Ｐｅｐｐｅｒの最初期に、そんな状態に陥ってしまったことがあります。

孫正義社長から与えられた「人と心を通わせる人型ロボットを普及させる」というミッションは、きわめて魅力的なものですから、アイデア出しにも熱がこもります。関係者からは、次から次へとアイデアが寄せられました。しかし、あまりにも壮大なミッションであるがゆえに、収拾《しゅうしゅう》がつかなくなったのです。

「人と心を通わせる」という部分に注目すると、「話し相手になるロボット」「感情のやりとりができるロボット」「日ごろのコミュニケーションから学習して、成長していくロボット」といったアイデアが出てきますし、「普及させる」という部分に注目すると、「家事を手伝うロボット」「冷蔵庫からビールをもってくるロボット」「留守中に警備してくれるロボット」など、売りやすいロボットにするためのアイデアが出てきます。

それぞれ魅力的なアイデアではあるのですが、それらを集約すると「鉄腕アトムのようなロボット」になってしまう。つまり、現時点では実現可能性のない「夢のような企画」にしかならないのです。

「制約」は足かせではなく、アイデアのロケット台である

そこで、僕は制約条件を明確にすることにしました。「現在の人工知能やロボット技術の限界はどこか？」「市場に受け入れられるために必要なことは何か？」「投入可能なコスト、開発費は？」「市場投入のタイムリミットまでに何ができるか？」……。その結果、現段階で「できること」がいかに少ないかがわかってきます。

そもそも、これまで世の中には、自律稼働《じりつかどう》（そばに操作や監視をする人がおらず、自らの判断で稼働すること）する大きなロボットが一般の生活に入ってきたことすらありませんでした。等身大で大きなモーターを積むロボットが人に危害を加えないように設計するのは、技術的に非常に難しいからです。にもかかわらず、一足飛《ひとあしと》びに、家事をするような「役立つロボット」をめざすのは現実的ではない。まずは、安全に自律稼働できるロボットをめざすべきだと考えました。

また、現在の人工知能の技術では、ロボットに「意識」をもたせることができませんから、人間同士のコミュニケーションと同じことをするのも難しい。ここにも、

強い制約があるわけです。

しかし、その制約のなかで、「人と心を通わせるロボット」をつくらなければならない。では、「心を通わせる」とはどういうことか？　僕はこんなことを考えました。この世の中には、「車や自転車に名前をつける人」や「ぬいぐるみに話しかける人」がいる。彼らは、車やぬいぐるみが、こちらの言葉や思いを理解しているとは思っていない。だけど、まるで相手が人間であるかのように接するわけです。そのとき、彼らの心のなかでは、車やぬいぐるみと心が通い合っているように感じているはず。

では、どんなときに、人間はモノに対してそんな思いを抱くのか？　それは、「思い入れ」をもったときではないでしょうか。僕自身、車や自転車に深い思い入れをもってきた人間ですから、その感覚がよくわかります。あるクルマを心から好きになったとき、僕の心のなかでは、そのクルマは単なる部品の集合体を超えた存在になる。そして、クルマと心が通っているように感じるのです。

であれば、Ｐｅｐｐｅｒのことを好きになってもらうしかない。

「かわいい」「面白い」と思ってもらえたときに、人はＰｅｐｐｅｒに愛着をもち、その経験が積み重なると心が通ったように感じてもらえるはずだ、と。

しかも、これまで高度な制御機能《せいぎょきのう》を披露《ひろう》するための、技術のショーケース的な等身大の人型ロボットはありましたが、このような文化的側面に注目したものはありませんでした。だから、「これは前例のないアイデアだ。きっとチャンスがある！」と確信。こうして、Ｐｅｐｐｅｒのコンセプトが少しずつ明確になっていったのです。

そして、このアイデアは、現在のロボット技術や人工知能に、強い制約条件があったからこそ生まれたものとも言えるのです。

だから、僕は制約こそが創造性の源泉《げんせん》だと考えています。

制約条件を明確にすることによって、はじめて質の高いクリエイティビティが発揮されるのです。アイデアのとっかかりが見つからずに途方《とほう》に暮れたら、制約条件を徹底的に洗い出す。そして、「できること」を明確にする。そのときはじめて、限られた条件のなかで知恵を絞ろうと脳が動き出し、突破口が見つかるのです。

制約条件は〝足かせ〟ではなく、アイデアを飛翔《ひしょう》させるロケット台なのです。

9▼プロフェショナルな「素人」が最強

中途半端な「専門家」がゼロイチを壊す

中途半端な「専門家」ほど厄介な存在はない

中途半端《ちゅうとはんぱ》な専門家――。

ゼロイチにとって、これほど厄介《やっかい》な存在はないと思っています。

もちろん、ビジネスパーソンはそれぞれ専門知識や専門技術を磨き上げなければなりません。しかし、仕事に向き合う姿勢が中途半端だと、身につけた専門知識などが、むしろ邪魔《じゃま》になってしまう。特に、ゼロイチのプロジェクトでは、害悪《がいあく》すらもたらしかねないと思うのです。

なぜなら、「これまでとは違うことをする」のがゼロイチだからです。「これまでとは違うこと」なのですから、当然、失敗するリスクがあります。そして、専門家には、そのリスクがよく見える。これは、いいことです。事前にリスクを洗い出して、しかるべき対策を打てるからです。

しかし、ここで**中途半端な専門家は、「できない理由」を並べ始めます。**専門家であるからこそ、いくらでも並べられる。その結果、ゼロイチのプロジェクトが迷走し始めることがあるのです。

もちろん、実現する可能性のないプロジェクトを専門家の知見《ちけん》により、早めに見切ることも時には大切です。しかし、ゼロイチとは、そもそも成功するか失敗するかギリギリのチャレンジ。失敗するリスクのないゼロイチなど、ありえないのです。であれば、**まずは「できる可能性」をとことん追求することが重要。「できない理由」ばかり並べても、何かを生み出すことなどできるはずがない**のです。

なぜ、こんなことが起きるのか？

結局のところ、仕事に向き合う姿勢の問題だと思います。

あらゆる仕事は、なんらかの「価値」を生み出すためにあります。そして、その

「価値」を生み出すために、あらゆる努力をするのがプロフェショナルです。

ところが、その姿勢が中途半端な人は、「関係者が丸くおさまること」「自分の経歴に傷がつかないこと」「後始末《あとしまつ》が手間にならないこと」など、これまでのやり方の枠内《わくない》にとどまったままの、面倒が少ない選択肢を探します。**「価値」を生み出すことよりも、「うまくやる」ことに固執《こしつ》する**のです。

そして、その言い訳に専門知識を使い始める。しかも、厄介なことに、自らはプロジェクトのためだと思い込んでいるから、その言い訳に熱が入ります。しかし、これでは本末転倒。**専門知識は、「価値」を生み出すためのツールにすぎないはず。ここを間違えると、専門知識がゼロイチの障壁《しょうへき》となってしまう**のです。

専門家には「思考の死角」が生まれる

しかも、専門家が陥《おちい》りがちな〝罠《わな》〟もあります。**自分がきわめてきた専門性によって、知らず知らずのうちに発想を縛られてしまう**恐れがあるのです。

お寿司の「カリフォルニアロール」がいい例です。

あのゼロイチの発想は、日本のなかで腕を磨いてきた寿司職人からは生まれなかったと思います。それはある意味、当然です。なぜなら、彼らにとって、カリフォルニアロールは寿司ではないからです。寿司職人にとって、寿司でないものを考えるのは、邪道《じゃどう》に思えるがために心理的抵抗がある。だから、無意識的に、その選択肢を排除してしまうのが当然だと思うのです。実際に、日本ではいまだにカリフォルニアロールは〝正式な寿司〟として認められていないようです。

もちろん、それが悪いというつもりはさらさらありません。むしろ、日本人である僕としても、「正統派の寿司」の世界観は揺るがずにあってほしい、とどこかで思っています。しかし、カリフォルニアロールは今やグローバル・スタンダード。世界中の人々に愛好される寿司の定番メニューになっているのです。

つまり、専門家は、**専門家であるがゆえに「思考の死角」が生まれがちということ。そして、多くの場合、この「思考の死角」にゼロイチのアイデアは眠っている**のです。このことを自覚できなければ、自分の専門性がむしろゼロイチを生み出すことを阻害《そがい》する要因になりかねないと思うのです。

一方、カリフォルニアロールはどうやって生まれたのか？

答えは簡単で、「素人目線」でモノを考えたからです。

寿司の素人である海外のお客様にとって、「真っ黒いノリが巻いてある食べ物は、ちょっと気持ち悪い」ものだったわけです。そして、そんなお客様の「素人目線」に合わせたメニューを開発するなかで、おそらく無数の失敗と葛藤《かっとう》を重ねながら、この答えに辿《たど》り着《つ》いたのではないでしょうか。

「専門家」＋「素人」の二重人格性がプロの証

素人目線――。

僕は、ゼロイチを考えるうえで、これは非常に重要なキーワードだと考えています。専門性があるがゆえに「思考の死角」が生まれる、というジレンマを突破するのは、この素人目線しかないと思うからです。

その意味で、僕は、恵まれたと言ってもいいかもしれません。というのは、トヨタ時代から一貫して、3〜4年ほどで担当業務が変わり、毎回まったく違う分野の仕事をしてきたからです。だから、よくも悪くも専門家になりきれなかった。いつも、素人目線をもって仕事に臨《のぞ》むことができ、そこから成果を出せたからです。

Ｐｅｐｐｅｒのときもそうです。

おそらく、僕がロボットの専門家であれば、今のＰｅｐｐｅｒとは違うものをつくったはずです。最先端《さいせんたん》のＣＰＵ、高価なセンサーやモーターを投入し、ハイスペックで、これ見よがしに技術をひけらかすものをめざしたかもしれません。

ところが、そこをめざすとどうしても高価になり、一般ユーザーの求めていないロボットになってしまいます。それでは、孫正義社長に与えられた「人と心を通わせる人型ロボットを普及させる」というミッションを達成することはできません。だから、ロボット技術の最先端《さいせんたん》を狙うのではなく、今ある技術の組み合わせで、どうすれば一般ユーザーが喜んでくれるかを考えたのです。

そして、「クリエイター×エンジニア」という掛け算に行き当たりました。Ｐｅｐｐｅｒと触れ合うユーザーが、「かわいい」「面白い」と思ってくれるようなユーザー体験をクリエイターに考えてもらい、それをエンジニアとともにロボットに実《じっ》装《そう》することで、将来的にわたって、専門家のみならず、みんなで育てていけるプラットフォームという世界観を提示することができたのです。

これは、おそらくロボットを専業とする専門家にとっては、とても常識とは言えない発想だったと思います。市場に出してみると、やはり一部のロボットの専門家からは、このアイデアそのものに批判も寄せられました。しかし、この発想に立てたからこそ、多くの一般ユーザーが受け入れ、夢を見てもらえる「初めての人型ロボット」をつくることができたのだと思っています。

もちろん、Ｐｅｐｐｅｒはゼロイチの段階です。ゼロイチの「１」は完成を意味するのではなく、産み落としたばかりの新生児のような段階にすぎません。今後、最先端の技術を取り入れ、さらに成長する余地は無限にあります。しかし、前例がない現段階で市場に受け入れられるロボットを見極めるためには、素人目線が欠かせなかったと確信しています。

もうお気づきだと思います。

素人目線とは、ユーザー目線、お客様目線と同義です。

結局のところ、僕たちのビジネスはすべて、ユーザーに喜んでもらうためにあります。「ユーザーの喜び」こそが「価値」なのです。だから、**専門的知識を有して**

いながらも、同時に「素人目線＝ユーザー目線」に徹することができるような〝二重人格性〟をもつことこそが、プロフェショナルの証《あかし》でもあるのです。

だから、僕はこう考えています。

プロフェショナル意識を持つ「素人」こそが最強だ、と。

10▼「快感」の先にしかゼロイチはない

「ひらめきの快感」をひたすら追い求める

人間はひらめく生き物である

人間はひらめく生き物です。

「あ、そうだ！」と思いもよらないアイデアが瞬間的に思い浮かぶ。

「あ、そうか！」とずっと考えてきた問題がパッと解ける。

「どうして、そのアイデアが浮かんだのか？」と聞かれると、うまく答えられないけれど、なぜかピンと来る。そんなちょっと不思議で、かすかな驚きを伴う体験を、僕たちは日々繰り返しています。

たとえば、行き詰まった会議の空気を変えるような冗談を思いつく。これも、ひらめき。もしくは、料理でいつも使わない食材が意外に合いそう、と使ってみる。これも、ひらめきです。

これらは、小さなひらめきですが、脳内で起こっている現象そのものは、ニュートンが万有引力を発見した瞬間の〝超特大のひらめき〟と大差ありません。

僕たちの脳内には、千数百億個とも言われる神経細胞《しんけいさいぼう》（ニューロン）が複雑に絡み合った神経細胞網《しんけいさいぼうもう》（ニューラルネットワーク）が存在します。その神経細胞網が、ほんの0・5秒ほどの間に一気に活性化して、過去に脳内に蓄積されてはいたけど、それまでにつながりのなかった記憶（情報）同士が結びつく。この新たな結びつきが脳にとって新鮮な刺激となって、神経伝達物質《しんけいでんたつぶっしつ》であるドーパミンが放出されるのです。

ドーパミンとは報酬系《ほうしゅうけい》の神経伝達物質。これが放出されることによって、脳は「快感」という報酬を与えられます。だから、**ひらめきは気持ちがいい。そのように、僕たちの脳はできている**のです。

この快感は、皆さんも経験があるはずです。

「ああ、そうか！」「わかったぞ！」と膝《ひざ》を打つときの感覚。とても強くて深い快感ではないでしょうか？

「快感」の先にしかゼロイチは生まれない

僕は、この快感の先にゼロイチがあると考えています。「今まで誰も遭遇《そうぐう》したことのない問題」「今までになかったモノ」を生み出す過程では、「今まで誰も遭遇したことのない問題」が無数に発生します。それを一つひとつ乗り越えるたびに、「できた！」「わかった！」「ひらめいた！」という快感が走ります。その一つひとつがすでに、小さなゼロイチと言えます。

たとえば、エジソンが発明した電球はそれ自体が〝超級のゼロイチ〟ですが、そこに行きつくまでのプロセスもすべて新しいものだったはず。ゆえに、そこで起こる問題もまた、すべて新しいものだったはずです。必然的に**ゼロイチの製品ができるプロセスは小さなゼロイチの集合**になるわけです。ゼロイチの積み重ねが電球という製品に結実したとも言えます。

この「今まで誰も遭遇したことのない問題」を解くプロセスで特に必要なのは、ひらめきです。論理思考による「解決策」が通用しなくなった先に、ゼロイチの成否を握る瞬間がやってきます。自分自身に驚きがないような思考や事実だけを積み上げて、論理思考の集大成としてできたプロダクトがゼロイチと言えるようなものに結実することは、残念ながら稀《まれ》でしょう。それでできるなら、コンサルティングファームはゼロイチの宝庫となっているはずです。他の人を驚かせるようなアイデアの背景には、自分も驚くようなひらめきが少なからずあるものです。

「脳内でも予想がつかないことがしばしば起こっているのです。だからこそ、ひらめきというのは、自分にとっても予想のつかないもので、それはいつでも突然やって来て我々を驚かせるわけです」

これは脳科学者である茂木健一郎さんの著作『ひらめき脳』（新潮新書）の一節。まさに、そのとおりだと思います。**僕たちが意識することのできない無意識の領域で、「自分（＝意識）」にとっても「予想がつかないことがしばしば起こって」いる。**そして、その「無意識の思考」がスパークしたときに、ひらめきは訪れて「我々（＝意識）を驚かせる」。その瞬間に、ゼロイチの種が生まれていると思うのです。

これを神がかった特殊な現象ととらえる必要はまったくありません。

単に、「自分＝意識」が把握している思考プロセス（言語化できる思考プロセス）は、脳の活動のほんの一部分にすぎず、僕らは言語化できない無意識の思考ももっている、という当たり前の事実にすぎません。そして、**無意識の領域で起きるのがひらめきだからこそ、「我々（＝意識）」にとっては常に「驚き」を伴う**ということなのです。

「意識的な思考」と「無意識的な思考」はゼロイチの両輪

もちろん、ひらめきがゼロイチを保証してくれるわけではありません。

むしろ、ひらめきの大半は〝ゴミ〟のようなもの。モノになるひらめきは、ほとんどないのが現実です。

今でも、忘れられない思い出があります。僕がまだ子どもだったころのことです。3本のヒモで遊んでいるときに、「あ！　こうしたら3本のヒモを永遠に編み続けることができる！」とひらめいたのです。すごい発明をした気がして、興奮して母親のもとに駆け寄ってやってみせました。

ところが、母親は「あ〜、三つ編みができるようになったのね」とあっさりした反応。自分ひとりで三つ編みができるようになったことを褒めてくれましたが、それは僕が興奮したポイントではありません。「すごい発明」ではなかったことがわかり、僕はガッカリと肩を落とした……。そんな他愛《たあい》もない思い出です。

しかし、大人になっても、ひらめきとはそんなもの。いわば、思いつきのサイコロを振っているようなものです。サイコロを振ってみたら、「お、いいね」というものだったり、「これはないね」というものだったりする。「お、いいね」と思っても、すでに誰かが考えたアイデアかもしれませんし、実際にやってみると使い物にならないこともあります。ひらめきとは、そんな非常に不確かなものなのです。

だから、「意識的な思考」も非常に重要です。

当然のことですが、ゼロイチのプロジェクトに着手するときには、過去の事例研究は不可欠。Ｐｅｐｐｅｒのときであれば、過去に一般市販をめざしたロボットはもちろん、これまでに開発された主だったロボットをできる限り調べ上げました。そして、それぞれがどのような特徴をもち、一般市場にどのように受けとめられたかを分析。いわゆる論理的思考によって、過去の事例の情報を整理するわけです。

このプロセスを経ることによって、「すでにあるモノ」を出発点にして、思考を深めることができますし、「すでにあるモノ」をマッピングして〝空白地帯〟を明確にすることができれば、それらの情報も制約条件として思考の焦点を絞ることで、「今までになかったモノ」＝「ゼロイチ」のアイデアを誘発しやすくなります。

あるいは、「無意識の思考＝ひらめき」によって生まれたアイデアを、「意識的思考＝論理的思考」によって検証することで、「このひらめきに賭けるか？」「使い物になるアイデアか？」を判断することもできます。このように、**「意識的な思考」と「無意識の思考」は、ゼロイチにおいて車の両輪の関係にある**と言えます。

ゼロイチの主戦場は「無意識」である

それでも、ゼロイチにおいて決定的に重要なのは「無意識の思考」です。「意識的な思考」はひらめきをサポートすることはできますが、そのプロセスから直接的にゼロイチのアイデアが生まれることは稀だからです。

たとえば、過去の事例調査は重要なプロセスですが、言い方をかえれば、単に、誰かがすでにやったことを「知識」としてインプットしているだけ。その「知識」は、調査しさえすれば誰でも手に入れることができるわけですから、それだけで、誰も思いつかなかったゼロイチのアイデアが生まれるはずがありません。

また、論理的思考もゼロイチに直結することは稀です。論理とは「思考の形式・法則」（大辞林、三省堂）のこと。つまり、論理的思考とは、「AはBである」「BはCである」「ならば、AはCである」など、正しく考えれば、誰でも「正しい答え」を導き出すことができる「思考の形式」に沿って考えるということです。であれば、その「思考の形式」に沿って考えても、誰でも思いつくものしか生まれないのが当然の帰結。**論理的思考からゼロイチのアイデアを生み出すのは不可能とは言いませんが、とても打率が悪いやり方**なのです。

だから、僕はこう考えています。

ゼロイチの主戦場は「無意識」である、と。

論理的思考をはじめとする「意識的な思考」を鍛えることは、もちろん重要ですが、ゼロイチの成否を決定づけるのは「無意識の思考力」。つまり、いかに「ひらめく力」を鍛えて、磨くことができるかにかかっていると思うのです。

このように言うと、必ず、「それは、もって生まれた才能ではないか？」と質問されます。たしかに、ニュートン、エジソン、アインシュタインなど、人類史を揺るがすようなひらめきを得た偉人は天才と言うほかありません。

しかし、**ひらめきの能力そのものは、僕たちの脳の「標準機能」**です。小さなひらめきも、ひらめきはひらめき。誰だって、「ひらめき力」はもっているのです。だったら、その能力を鍛えればいい。だから、僕は、誰でもゼロイチはできるようになると信じているのです。

サイコロを振らなければ、絶対に「あたり」はでない

ただし、そのためには絶対に必要な条件があります。

その能力を使い続けることです。つまり、ひらめいたことを実行に移して経験を蓄積《ちくせき》していくことです。僕の「三つ編み」のひらめきは「すごい発明」ではありませんでしたが、それでへこたれてはいけません。思いつきのサイコロを振って、その目が「はずれ」でも全然かまわない。それよりも大事なのは、思いつきのサイコロを振り続け、可能な限り実行に移して、その結果を確認し続けること。**サイコロを振らなければ、絶対に「あたり」は出ないからです。**そして、小さな「あたり」を経験することで、少しずつ実用的なひらめきの感覚がわかるようになる。その結

果、実用的なひらめきを生む脳の思考回路が強化されていくのです。

ニュートンやアインシュタインのような天才も、そうだったはずです。〝無駄〟なサイコロを無数に振り続けてきた結果として、脳が鍛えられたのだと思うのです。

IQが非常に高い神童《しんどう》が、必ずしもそのまま偉大な発明家になるわけではないことが、そのことを反証《はんしょう》しているのではないかと思います。


しかも、それは**人間の本能的な喜び**そのものです。

ひらめきの瞬間に、脳内にドーパミンが分泌《ぶんぴつ》され、「ああ、そうか！」「わかったぞ！」と膝を打つときの「快感」。これは他の快感と異なり、飽きることのない快感です。それを追い求めるのは、人間の喜びそのものだと思うのです。

結局のところ、僕はこれまで、この「快感」を求めてゼロイチにチャレンジしてきただけなのかもしれません。「三つ編み」をひらめいて、「すごい発明かも！」と興奮して母親に駆け寄ったときのワクワク感と、レクサスLFA、F1、Pepperで感じてきたワクワク感は同質。そして、この間、悪戦苦闘を続けるなかで、凡人である僕なりに、「ひらめき力」を鍛えることができたのだと思うのです。

11▼「偏った経験」がゼロイチを生み出す

斬新な「アイデア」を生み出す最強の方法

「無意識の記憶の海」がひらめきの源である

ゼロイチのアイデアは、ひらめきによって生まれる——。

僕は、そう考えています。だから、「無意識」を鍛えなければならない。論理的思考をはじめとする「意識的な思考」も重要ですが、ゼロイチにとって決定的に重要なのは、良質なひらめきを生み出す「無意識」をもつことなのです。

そのためには、まず第一に、思いつきのサイコロを振り続けることが重要。「はずれ」も多いですが、それも愛嬌《あいきょう》。むしろ、「はずれ」を恐れて、サイコロを振るのを抑制することこそが危険。**筋肉を鍛えるのと一緒で、ひらめきの〝筋肉〟を使**

うことでしか「ひらめき力」を鍛えることはできないのです。

そして、もうひとつ重要なポイントがあります。

それは、さまざまな「経験」を積み重ねることです。

なぜなら、ひらめきとは、経験によって学習した膨大《ぼうだい》な「無意識の記憶の海」を土壌《どじょう》にして生まれるものだからです。何らかの問題に直面したとき、僕たちの神経細胞網は活発に活動を始め、それまでつながりのなかった脳内に蓄積された記憶（情報）が結びつく。「膨大な記憶」が合理性とも不合理性とも無関係に共鳴し、勝手にスパークし、問題を解決する方法を自動的に探し当てるのです。

注意が必要なのは、ここで言う記憶とは、僕たちが意識的に想起できる記憶に限らないということ。むしろ、僕たちが自分で意識できる脳の活動は氷山のほんの一角にすぎません。神経細胞網には、僕たちが経験してきたことが抽象化されて刻み込まれており、そのほとんどは、具体的な形では二度と意識的に想起されることはないと言われています。

しかし、僕たちの脳は、この「二度と想起されることのない無意識の記憶」も含めて、あらゆる記憶のつながりを生み出すのです。そして、「これだ！」というひらめきを生み出す。だからこそ、ひらめきは、「意識」である「僕たち」にとってすら、「予想外のもの」であり「驚き」が伴うのです。

つまり、良質なひらめきを生み出すためには、さまざまな経験を積み重ねることで、「無意識の記憶の海」を豊かなものにしておかなければならないということ。**ひらめきは神様からの贈りものではなく、自分の経験がつくり出すもの**なのです。

「偏った経験」が独特なアイデアを生み出す

では、ゼロイチを生み出すために、必要な経験とは何でしょうか？

僕は、ふたつあると思っています。まず第一に、人間としての当たり前の生活経験です。日常生活のこまごまとしたさまざまな経験、そして、それに伴う快感や違和感、喜怒哀楽《きどあいらく》。これを、たっぷり味わっておかなければ、ひらめいたアイデアは他の人々の生活実感に合わないものになってしまいます。それでは、ユーザーの心に響くモノを生み出すことは、絶対に不可能。これは、いわば前提条件のようなものでしょう。

そして、もうひとつが「偏《かたよ》った経験」です。

つまり、**「他の人にはない経験の組み合わせ」をもつ**ことです。

僕は、これがゼロイチにとって決定的に重要だと考えています。なぜなら、多くの人々と似通った経験のパターンしかもたなければ、結果として生まれるひらめきも、多くの人と似通ったものになってしまうのは自明だからです。

たとえば、ほどほどの仕事をして、部屋でゴロゴロしながらテレビを見て、ときどきネットサーフィンをするという生活を送っていて、誰も気づかないような斬新《ざんしん》なアイデアが生まれることが期待できるでしょうか？　不可能とは言いませんが、その人はモノの見方が最初から他の人々と異なってしまった、突然変異《とつぜんへんい》の天才と言えるでしょう。凡人が誰でもできる経験しかしなければ、誰でも思いつくアイデアしか生むことができなくなるのは、容易に想像がつくことです。

仕事のやり方も同じです。

上司に言われるがまま働いたり、マニュアルどおりの仕事やルーチンワークをこなすだけの毎日を送れば、その範囲内の経験は豊富に積むことができますから、正確で効率的な業務処理はできるようにはなります。学校の学習も同じで、丸暗記をしていたら、効率的にテストの点は取れるようになるでしょう。しかし、そこから、誰も思いつかないようなひらめきが生まれる可能性はほとんどないでしょう。なぜなら、その人独自の経験が不足しているからです。

「やりたいこと」をやると、「無意識」が鍛えられる

ただ、僕はことさらに「奇をてらった経験」を狙う必要はないと思っています。むしろ、**「やりたい」「面白そうだ」と思ったことをやってみることが大事**だと思うのです。多少面倒臭かったり、若干のリスクがあるかもしれませんが、それを乗り越えてやってみる。それが、自然と「その人ならではの経験の組み合わせ」をつくり出してくれると思うのです。

なぜなら、人間はそもそも、一人ひとり違うものだからです。たとえば、人の好き嫌いは千差万別。だから、自分が「好き」なものを純粋に追求すれば、それは必ず個性的な経験をもたらしてくれるはずです。

また、人は一人ひとり異なる課題に直面しながら生きています。ですから、その課題を克服するために必要な経験も一人ひとり異なってきます。だから、目の前の

課題を克服するために試行錯誤《しこうさくご》することによって、独自の経験を自然と蓄積していくことができると思うのです。

そして、一つひとつのチャレンジにとことん熱中しながら、自分なりの「偏った経験」を積み重ねるうちに、思いも寄らないときにゼロイチのアイデアを得ることができる。僕は、何度もそんな経験をしてきました。

そのひとつをご紹介しましょう。

僕は、Ｐｅｐｐｅｒの開発リーダーになるにあたって、ひとつの不安がありました。リーダーシップを発揮しなければならないのですが、人前に出るのが大の苦手。それは、トヨタで量販車開発のマネジメントをやっているときからの課題でした。またソフトバンクアカデミアのプレゼンでも、他のメンバーにパフォーマンスで見《み》劣《おと》りしていました。

そこで、最初はプレゼンのトレーニング・スクールなどを探していたのですが、そんな時に知人に勧められた演劇のレッスンを思い切って受けてみることにしました。かなりの人見知りで恥ずかしがり屋なので、相当な決心でした。しかし、あえて自分が避けていた世界に、自分の弱点を克服するヒントを得られるのではないかと考えたのです。それまで、舞台の上に立ったことなどありませんでしたから、見よう見まね。はじめのうちは、講師の先生から酷評《こくひょう》されたものです。

なぜダメなのか？　何度も酷評されながら考えました。そして、少しずつわかってきました。初心者だった僕は、何かの役を演じようとするときに、その役で思い浮かぶ俳優を想像して、そのマネをしようとしていました。不器用な父親役なら高倉健さん、ムードメーカーの役なら阿部サダヲさんといった具合です。しかし、高倉健さんになりきろうと渾身《こんしん》の演技をすればするほど、見事な大根役者になってしまうのです。

では、どうすればいいか？　「自分以外」の何かをマネしようとするからダメなのです。演技に必要なのは、「自分のなかの父親」「自分のなかのムードメーカー」の要素を見つけ出すこと。そして、それを引き出すことなのです。仮面をかぶって他人のフリをするのではなく、普段、自分がかぶっている仮面をとって、自分の内側にあるものを出す。これが「演じる」ということ。半年かけてこの感覚を体得《たいとく》してから、少しずつ演技ができるようになっていったのです。

「演劇体験」×「エンジニア」という組み合わせ

これは、僕にとって大きな発見でした。
リーダーシップを発揮するとは、リーダーを演じること。つまり、自分のなかにある「リーダーの要素」を見つけて、それを引き出して表現することだと気づいたのです。そして、演劇を通じて体得した感覚にしたがって、リーダーを演じることが多少なりともできるようになっていったのです。

それだけではありません。この経験が、思いも寄らないひらめきをもたらしてくれました。ちょうどそのころ、僕はＰｅｐｐｅｒにどんなキャラクターを与えるのかという難問を前に悩んでいました。これまでにキャラクターをもつロボットなどありませんでしたから、まさに雲をつかむような話。ところが、あるときピンと来たのです。「あ、演技と一緒じゃないか！」と。

当時、アルデバラン社と共同開発したＰｅｐｐｅｒのハードウェアの原型はありました。つまり、フォルム、色、ツヤはすでに与えられていたのです。さらに、音声認識エンジン、個人認識エンジンなど、当時の技術で実現できる性能の限界もある程度見えていました。これらは、Ｐｅｐｐｅｒの構成要素であり、生まれもった個性と言えるはずです。

僕たち人間も、顔や身体のほか、「記憶力が弱い」「耳がいい」といった要素を無数にもっていて、それらが組み合わさることで個性が形づくられています。だったら、Ｐｅｐｐｅｒが生まれつきもっている個性を、Ｐｅｐｐｅｒに演じさせれば、人々に違和感を与えず、好感をもってもらえるキャラクターを生み出すことができるのではないか、と考えたわけです。

そこで、「こんな個性をもつＰｅｐｐｅｒだったら、どんな演技をするだろうか？」と想像を膨《ふく》らませました。そして、「きっとこんな性格で、こういうときにはこういう反応をするに違いない」などと突き詰めていった結果、「決して優秀ではないけれども、明るくて、よくしゃべる面白い男の子」というキャラクター設定が出来上がっていきました。しかも、ちょうどそのころに、自ら劇団を主催している構成作家がプロジェクトに参加。演劇経験を共有できるので、すぐに意気投合。このようなタイミングの幸運にも恵まれて、その後、Ｐｅｐｐｅｒの開発が一気に加速していったのです。

かもしれません。

「無関係な経験」がPepperを生んだ

一般的なエンジニアの生活を送っていては、この発想はなかなか出てこなかった

もともとはエンジニアだった僕が、たまたま演劇体験をしたことによって生まれたひらめきだったと思うのです。演劇にチャレンジしたのは、リーダーシップを身につけたいというのが理由でしたから、Ｐｅｐｐｅｒとは何の関係もありません。しかし、そのまったく「異種の経験」が、「人型ロボットのキャラクター」という前例のないアイデアを生み出す原動力となったのです。そして、僕は、**ゼロイチのアイデアとは、このような「異種の経験」が結びついたときに、生まれることが多い**のではないかと実感しています。

もちろん、これは、非常にわかりやすいケースです。むしろ、このようにわかりやすく説明できる「異種の経験の組み合わせによるシナジー」はレアケースだと思います。実は、自分でも気づいていないような多くのシナジーが無意識の領域で化学反応的に起きているはずなのです。

たとえば、数年前に訪れた美術館の素晴らしい作品を見たときの天気と体調。半年前の台風で交通機関がマヒして酷《ひど》い目にあった後に、帰宅してホッと一息つきながら飲んだ紅茶の香りと温かさ。仕事でイライラしているときに、友人にかけてもらったねぎらいの一言とその時の湿気。なかなか懐《なつ》いてくれなかった友人の家のペットと打ち解けたときの匂いと手触り。こんな、とっくに意識が忘れてしまったようなささやかな経験すら、それぞれは無関係な記憶として片鱗《へんりん》が残り、ひらめきにかかわってくる。それが「無意識の記憶の海」のひらめきなのです。

だから、もし**他の人と異なるひらめきをしたいなら、自分の好きなことを集めた「偏った経験」を積み重ねることが不可欠。**自分が「やりたい」「面白そうだ」と思ったことに、とにかくチャレンジしてみる。その膨大な経験の積み重ねが、僕たちにいつか、しかし確実にゼロイチのアイデアをもたらしてくれるのです。

第3章 「アイデア」だけでゼロイチは不可能

12▼「組織」は使わせていただくもの

「サラリーマン」がゼロイチに向き合う基本スタンス

「イノベーションのジレンマ」が出発点である

ゼロイチをやるならベンチャー企業――。

これは、しごく真っ当《まっとう》な認識です。ベンチャーとは「冒険的な企《くわだ》て」という意味。冒険的な新事業を立ち上げるわけですから、存在そのものがゼロイチ。そして、すべてのリソースを、ゼロイチに投入する組織です。だから、ゼロイチを志すならば、ベンチャー企業で働くのは、きわめて理にかなった選択だと思います。

しかし、僕はそれだけがゼロイチのチャンスをつかむ「道」ではないと考えています。**ベンチャー企業でなくても、ゼロイチのキャリアは積める。**またベンチャー企業でないからこそ、やれることもある。これが、トヨタとソフトバンクという大企業で経験を積んできた僕の実感なのです。

ただし、前提として覚悟しておくべきことはあります。

それは、「イノベーションのジレンマ」を企業が抱えていることは前提である、ということです。すでに成功した事業をもつ企業のなかで、ゼロイチを成功させるのは確かに難しい。しかし、この現実を嘆いても仕方ありません。むしろ、それを出発点にして覚悟を決め、準備をするべきです。

会社というもののメカニズムを知れば、それが避けようのない現象だとわかります。その企業が存在しているのは、保守本流の「古いもの」で成功をして、安定した収益を確保しているからです。つまり、「古いもの」があるからこそ、存在できているわけです。ところが、**「新しいもの」は多くの場合、「古いもの」を否定する側面があります。そこに強い抵抗力が働くのは当然**なのです。

ウォークマンがｉＰｏｄに駆逐《くちく》されてしまったのが、わかりやすいケースです。当時、ソニーもｉＰｏｄと同じようなアイデアの製品化を進めていました。技術力、デザイン力でソニーが劣っているわけではありませんでした。では、なぜアップルに負けてしまったのか？

ソニーには守るべき「古いもの」があったからという見方があります。自社所有の音楽や映画などのコンテンツが違法にコピーされることを防ぐため、使い勝手の悪いエコシステムになってしまった。その結果、守るべき「古いもの」をもたないアップルに負けてしまったというのです。

会社では常に「古いもの」が力をもつ

もちろん、これは経営判断の問題です。

もしも、当時のソニー経営陣が断固として「舵《かじ》」を切れば、事態は異なった展開をしたかもしれません。しかし、その場合でも、開発現場は、「古いもの」からのプレッシャーと直面せざるをえなかったに違いありません。

なぜなら、「古いもの」こそが、その会社の収益源だからです。「新しいもの」は常にバクチ。成功するかどうかは、やってみなければわからない。その不確実な事業に、「古いもの」で獲得したリソースを投入するわけですから、「古いもの」が圧倒的な発言力を有するのは当然。**会社では、常に、「新しいもの」は「古いもの」**

より劣勢《れっせい》に立たされるものなのです。

それに、たとえ「新しいもの」が成功したとしても、利益を生み出すまでには時間がかかります。その間、会社の屋台骨《やたいぼね》を支えるのは「古いもの」。「シナジーを生み出そう」などという掛け声とともに、「新しいもの」の純度を損ねるような圧力がかかるケースも散見《さんけん》されます。多くの会社で新規事業がつぶれていく最大の要因は、ここにあるとさえ僕は思っています。

だからこそ、会社でゼロイチを実現させたければ、経営トップが相当の思い入れをもって、強いリーダーシップを発揮するのが不可欠なのです。トップが「我が社ではイノベーションが足りない」と言って、ボトムアップでイノベーションを提案させる仕組みをつくったところで、結局はトップがその提案を自らすくい上げてリーダーシップを発揮しない限り、新規事業が成立することは難しいでしょう。

しかも、たとえ、そのようなトップリーダーに恵まれたとしても、ゼロイチのプロジェクト・メンバーは、社内で劣勢に置かれるという現実に変わりはありません。この力学を認識しなければ、社内の軋轢《あつれき》に押しつぶされてしまうでしょう。

「冒険的企業」は、必然的に「官僚的組織」へと変質する

また、企業にはライフ・サイクルがあります。

ほとんどの企業は、ベンチャーとして出発します。だから、創業メンバーは「新しいもの」への冒険心をもつ人が多数を占めます。しかし、成功をおさめると、少しずつ変質していかざるをえなくなります。

成功した事業を維持・拡大していくためには、多くの人材を採用する必要があるからです。そこで、いろいろな人が入ってきても統制がとれるように体制を変化させていきます。つまり、業務の「仕組み化」が始まるのです。そして、この脱皮《だっぴ》に成功した会社だけが、成長軌道《せいちょうきどう》に乗ることができるわけです。

しかし、ここにジレンマが生じます。

というのは、徐々に、**新しいものを「創造」することよりも、「仕組み」を管理することに長《た》けた人材が大勢を占め始める**からです。創業メンバーが残っている間は、ベンチャー精神は維持されるでしょうが、彼らが去ったあとは、秩序を〝憲法〟とする「管理派」が保守本流化。ゼロイチをやったことのない人が実権を握るようになってしまうのです。

こうして、冒険心あふれるベンチャーだった企業は、官僚的な組織へと変質を遂げます。これは「よし悪し」の問題ではありません。合理的に企業を経営すれば、このようなライフ・サイクルをたどる必然性があると考えるべきでしょう。だからこそ、このライフ・サイクルを理解したうえで、社内でのスタンスを選び取っていく必要があると思うのです。

まず前提として認識すべきなのは、**官僚組織化した会社において、ゼロイチは「未来を担う屋台骨」などではなく、いわば「例外処理」に分類される**ということです。会社では品質管理を徹底するために、「業務フローの遵守《じゅんしゅ》」「役割分担の明確化」「業務の効率化」などが徹底されているはずですが、ゼロイチには、それらのルールにそぐわない側面があります。

たとえば、何か「新しいこと」をやろうとすれば、他部署の仕事にも影響を与えます。他部署の立場に立てば、それは標準化された業務フローから外れた、追加の「例外処理」にほかなりません。通常業務だけでも忙しいうえに、仕事が増えることは敬遠《けいえん》されて当然。しかも、標準化された業務フローを守っていれば安全ですが、やったことのない「例外処理」には未知のリスクが伴いますから、容易に認めないのは当然なのです。

ゼロイチの過程では、このような局面が次々と現れます。その一つひとつを突破していくのは骨の折れることです。「理不尽だ」と感じるときもありますが、それを言っても始まらない。そのような状況に置かれていることを前提に、こちらが仕事の進め方を工夫していくしかないのです。

組織から「大きなパワー」を引き出す方法

そのうえで、絶対にはずしてはならない鉄則があります。

それは、**「組織は使わせていただくもの」という謙虚《けんきょ》なスタンス**です。自分が「おもしろい！」「価値がある！」と確信するゼロイチを、組織というリソースを使ってチャレンジさせていただいているのです。そのことに対する感謝の気持ちを絶対に忘れてはならない。組織人として当たり前のことかもしれませんが、このスタンスを徹底できるかどうかがゼロイチの成否を決するとさえ思っています。

なかなか社内の協力体制が得られないことを嘆くのではなく、どうすれば遠巻《とおま》きに眺めている人々を応援団にできるかを考える。**他部署の抵抗にあったときに腹を**

立てるのではなく、どうすれば相手の心に火をつけるような提案ができるかを考える。このような思考法が重要なのです。

そして、味方を増やすことができたとき、組織は大きなパワーを僕たちに与えてくれます。

ベンチャーではとても用意できないような予算や設備を使わせてもらうことができますし、他部署の専門家の知見によってアイデアをさらに磨き上げることもできます。会社がもつブランド力や信頼は、対外的な折衝《せっしょう》を力強く後押ししてくれます。他部署が社外にもつネットワークも紹介してもらえるでしょう。しかも、ゼロイチに失敗したからといって、クビになるわけでもありません。だからこそ、勇気をもって果敢《かかん》にチャレンジできるという一面もあります。

これらは、**サラリーマンだからこそ享受《きょうじゅ》できる、きわめて大きなメリット**です。

そのパワーを、僕はトヨタやソフトバンクで痛感してきました。皆さんにも、ぜひ、そのメリットを最大限に活かしていただきたいと願っています。

13▼「無理難題」こそチャンスである

魂のこもった「トップダウン」がゼロイチの根源

「無理難題」が思考を活性化する

「3％のコストダウンは難しいが、3割はすぐできる」

これは、松下幸之助さんの有名な言葉です。

かつて松下電器（現パナソニック）が、トヨタにカーラジオを納品していたころのこと。トヨタから、毎年3％のコストダウンを求められていたのですが、あるとき、3割カットを要求されたそうです。

毎年3％カットするのも難しかったのですから、もちろん、担当部署は「到底無理」と判断。しかし、そう回答しようとしていた矢先に、松下さんが介入。「3％

のコストダウンは難しいが、3割はすぐできる」とトップダウンの指示を出したというのです。

どういうことか？　3%カットならば、これまでの延長線上の発想でやり繰りしようとする。しかし、改善を繰り返せば繰り返すほど、改善余地は少なくなってくる。だから、3%カットは年々難しくなるわけです。

ところが、3割カットとなれば、抜本的に製品そのものを見直さなければ実現不可能。ゼロから考えるのだから、たいへんではあります。しかし、白紙に戻るのだから、工夫の余地が一気に広がるということでもある。だからこそ、3割カットのほうが簡単なのだ……。こういう考えだったそうです。

はっきり言って、無理難題。現場の人々は、きっと「無茶言うなよ……」と思ったに違いありません。それは、自然な反応だと思います。

だけど、僕は、これは正しい考え方だと思います。組織が力を発揮するのは、トップダウンが機能したときです。**トップからの無理難題によって、現場の発想が強制的に切り替えさせられる。これが、ゼロイチを生み出す大きな原動力になる**と思うからです。

妥協しないトップこそ、ゼロイチのエンジンである

トヨタのプリウスもそうでした。

プリウスは、トヨタが生み出した世界的なゼロイチ。世界ではじめてハイブリッドシステムを搭載《とうさい》した量産車として、国内外で大きな反響を呼び起こしました。僕がトヨタに入社する少し前の発売でしたが、ワクワクしながらそのニュースを見つめていたものです。

ところが、開発チームでは当初、ハイブリッド技術は使わない方針だったといいます。開発チームに与えられたのは、「環境に優しい低燃費の量産車」という課題。トヨタでは、かなり以前から、一部のエンジニアがハイブリッドの開発を進めていたため、その可能性も検討したそうですが、技術が未成熟でとても実用には耐えないと判断。既存の技術で「燃費を50％アップさせる量販車」をつくる方針を上層部に報告したのです。人の命を預かる自動車の開発ですから、安全性も含めて考えればきわめて妥当な判断といえます。

しかし、ここで無理難題が降りかかってきました。

当時、トヨタの副社長を務めていた和田明広さんが、とんでもない要求を突き付けたのです。「いまの2倍の燃費で走る車をつくれ」。開発リーダーだった内山田竹志さん（現トヨタ自動車会長）は、驚いて「50％アップが既存技術の限界です」と改めて縷々《るる》説明《せつめい》。すると、和田さんは「ハイブリッドでやったらどうだ？」ともちかけたのだそうです。

もちろん、内山田さんは「現在の技術力では到底無理です」と全力で抵抗。「いや、できる」「できません」と応酬《おうしゅう》が続いたそうです。その激論に終止符《しゅうしふ》を打ったのは、和田さんの「たった50％アップ程度では、やる意味なし。いつまでも反対するなら、プロジェクトは中止だ」という一言だったといいます。

乱暴だと思う人もいるかもしれません。

しかし、この妥協を許さない無理難題がなければ、プリウスが生み出されることはなかったに違いありません。和田さんが、断固として「燃費2倍×ハイブリッド」という枠をはめて、現場に対して「壁」となって立ちふさがったからこそ、内山田さんをはじめとするエリートエンジニアもはじめて、リスクを負って進む「捨て身の覚悟」を固めることができた。いわば、和田さんの厳命《げんめい》という「葵《あおい》のご紋《もん》」

を手に入れることで、最大限の能力を発揮する環境が整ったのだと思うのです。

誰でも成し遂げられる仕事が、ゼロイチであるはずがない

だから、僕は、**ゼロイチをやりたいのならば、トップからの魂のこもった無理難題を求めて、〝チャンスの前髪〟としてつかむべき**だと考えています。

Ｐｅｐｐｅｒのプロジェクトはまさにそれでした。

孫正義社長が掲げた「人と心を通わせる人型ロボットを普及させる」というビジョンは、率直に言って、かなりの無理難題でした。

フランスのアルデバラン社のプラットフォームをベースに共同開発することは決まっていましたが、そのハードウエアは随分《ずいぶん》と未完成。ロボットを自律的に動かして、周囲の人に危害を加えないだけの安全性の確保もままなりませんでした。しかも、そのハードにどのような形のソフトを組み込むのかも、まったくの白紙。それを、2年半で市場に投入しなければならないのだから、無理難題と言うほかありません。

このような状況にあることを知ったのは転職後でしたから、少々驚きました。し

かし、それでも「イケる！」という確信は揺るぎませんでした。何しろ、トップである孫社長の魂のこもった無理難題です。厳しい仕事になるのは目に見えていましたが、それこそがゼロイチの条件。そう腹をくって、ソフトバンクでモノづくりを始めたのです。

予想どおりの厳しさでした。

企画段階からリリース段階まで、ダメ出しの連続。「企画を練り直せ。あさってまでに100個のアイデアを持ってこい！」「お前の情熱が足りないから、プロジェクトが動かないんだ！」と何度も叱責《しっせき》されました。

それは毎回、ボディブローのように堪《こた》えるハードパンチでしたが、孫社長は必ず関係者の前で叱責をしてくれるので、実はそれがプロジェクトの推進力としては非常に効果的でもありました。ボコボコになっても何とか立っている僕を見て、メンバーたちが、毎回奮い立ってくれたのです。パンチを受けることでプロジェクトの推進力が手に入るなら、安いモノです。

そんなハードパンチの極《きわ》め付《つ》けは、一般家庭への発売が間近に迫ったころのこと。僕たち開発チームは、当初決められたロードマップに沿ってコンテンツを搭載《とうさい》。P epperの社内デモンストレーションを行いました。その際に、一般発売後の第2ステップとして予定していた、Pepperの感情を擬似的《ぎじてき》に生成《せいせい》するエンジンの試作品も披露《ひろう》。すると、それを一目で気に入った孫社長は、目前に迫った一般家庭への販売モデルに前倒しして搭載するように指示したのです。

しかし、それを実現するにはどうしても解決できない問題が残りました。Pepperの計算能力の不足です。Pepperの感情を生成するエンジンも搭載するとなると、CPUが過負荷《かふか》になってまともに動かなくなってしまうのです。

だから、僕は納期の問題を報告。「納期までにどこに落とし込むかを考えるべきです」と主張しましたが、「出荷されたPepperが、つまらないPepperじゃダメなんだよ」と、孫社長は、頑《がん》として首を縦に振りませんでした。

そこで、いったん持ち帰り、新しいCPUを搭載する可能性を探りました。そして、もともと1年近く先に新しいCPUを搭載するというスケジュールで開発を進めていたのですが、それを半年以上前倒しできる目処をたてることはできました。しかし、それでも発売予定日にはどうしても間に合いません。だから、やむを得ず発売延期を孫社長に打診。社を挙げて準備してきた発売日を延期するとなると一大事ですから、非常に難しい判断だと、僕なりに認識していました。

しかし、孫社長は、迷うことなく発売延期を即決。この英断がなければ、Pepperの運命は変わっていたかもしれません。

孫社長は、Pepperのプロジェクトに魂をこめていたので、絶対に妥協はしませんでした。そのために、現場に無理難題を押し付けることも厭《いと》いません。現場の開発チームにとっては、キツイ局面も多々ありましたが、その無理難題に食らいつくことで難局を打開していくことができたと言えます。そして、Pepperを世の中に受け入れていただくものにすることができたのです。**無理難題こそ、ゼロイチのエンジン**なのです。

そもそも、無理難題でないゼロイチなどありうるでしょうか？　無理難題でないということは、誰でも簡単に成し遂げることができるということ。そこにゼロイチが生まれるはずがありません。**無理難題だからこそゼロイチなのです。**

だから、僕たちは、無理難題を求めるべきです。

トップの魂のこもった無理難題こそが、ゼロイチのチャンスなのです。

14▼リーダーシップの根源は「情熱」である

理想のゼロイチを実現するためには「影響力」が不可欠

ゼロイチで必ずぶつかる「ジレンマ」がある

僕は「職人肌」の人間です。

「モノをつくっていたい」「モノに触れていたい」という願望が強い。そして、ひとりでモノづくりに没入しているのが好きなのです。だから、レクサスLFAやF1で「職人的」にゼロイチをめざすのは、最高に充実した生活でした。このまま「職人として生きていきたい」という思いもありました。

しかし、徐々にジレンマも感じるようになっていきました。

F1にいたときのことです。僕は、空気力学のエンジニアとして、日々、0・01秒でもタイムを縮めるために知恵を絞っていました。こだわったのは、ゼロイチのアイデアであること。トヨタはF1の新参者《しんざんもの》ですから、フェラーリなどの歴史ある強豪《きょうごう》チームに勝つためには、彼らの模倣《もほう》をしているだけでは足りない。どのチームも「改善」はしているのだから、それを超えたアイデアでなければ、彼らを上回ることなどできないからです。

そして幸運にも、僕が考案した部品を実戦投入するたびに入賞することができました。しかし、あくまで単発の好成績。その次のレースでは他のチームも追いついてきますので、1年間を通して勝ち続けるのは至難《しなん》のワザ。やがて、トップチームとのカベの厚さを痛感させられるようになりました。

ジレンマを感じるようになったのは、そのころです。

僕が担当しているのは、空気力学という一分野。しかし、この一分野は単にそれだけで完結するわけではありません。車の周りを流れる空気をデザインするとは、車全体のデザインをイメージすることにほかなりません。逆に言えば、全体のデザインによって空気力学的にも制約を受けるということ。だから、理想的な空気力学を実現するだけでは、他の性能が出なくなるために、やはり勝てません。

つまり、トータルのプロデュースが必要なのです。そして、そのために試行錯誤するなかで、僕なりの「勝てるレースカー」の全体的なイメージが必然的に出来上がっていったのです。

ところが、僕はあくまで一エンジニアにすぎません。何度も、上司に「全体の設計思想を変えるべきだ」と訴えましたが、そんな若造《わかぞう》の、自分の立場をわきまえない、業務分掌《ぎょうむぶんしょう》の範囲を超えたアイデアをまともにとりあってはくれません。それは、技術のトップであるチーフエンジニアの仕事そのものだったのです。

これがつらかった。そして、悟りました。**自分が正しいと思う仕事をするためには、「一職人」の立場にとどまっていてはダメだ、と。ヒト・モノ・カネの差配に影響力をもつマネジメントの立場にならなければ、限定的なゼロイチしか実現できない。**当時、30歳前後の僕が、遅ればせながら痛烈《つうれつ》に学んだことでした。

「アイデア」だけではゼロイチは生まれない

アイデアだけでは、ゼロイチはできない――。

これが現実です。**素晴らしいアイデアがあっても、そのアイデアの大きさに相応**

する「影響力」が伴わなければ、それを実現することはできません。「こんなによいアイデアなのに、会社はわかってくれない。だから我が社はダメなんだ」などと言ってみたところで、自分にも会社にも何ひとつよい影響はないのです。

それに、よく観察してみると、これまで生み出されてきた**ゼロイチは、すべて「影響力×アイデア」のふたつがバランスしている**ということに気づかされます。

たとえば、トヨタのプリウス。あのゼロイチは、現場にきわめて優秀なエンジニアがいたからできたことですが、同時に、プロジェクトのトップに和田明広副社長（当時）という政治力のある人物がいたことが大きいと思います。

開発当時、ハイブリッド技術の活用には現場のエンジニアすら慎重でした。つまり、〝のるかそるか〟が誰にもわからない賭《か》けでもあったわけです。そのようなプロジェクトにあれだけの投資を行うことに対して、社内的なプレッシャーがなかったはずがありません。そのプレッシャーと対峙《たいじ》しながらプロジェクトを進めるだけの政治力がなければ、プリウスを完成させることすら難しかったでしょう。

茶道《さどう》の創始者と言われる、わび茶を完成させた千利休《せんのりきゅう》も同じでしょう。彼は60歳までは先人の作法を受け継いでいたのですが、政治的な影響力をもった60代にゼロイチを推し進め、わずか10年足らずでわび茶を完成させてしまったと言われています。影響力が伴わないときに茶道の改革を始めても、きっと成功しなかったに違いありません。

もちろん、僕が逆立ちをしても、和田副社長や千利休のような存在になることはできません。だけど、せめて、プロジェクトの方向性をコントロールできる「影響力」を手にしなければ、自分が信じるゼロイチを成し遂げることはできない……。

そう考えた僕は、F1の次に、マネジメントにチャレンジすることにしました。日本への帰任時に、「Z」と呼ばれる部門への異動を申し出たのです。

「Z」とは、量販車の製品企画部門。エンジン、ブレーキ、サスペンションなど多《た》岐《き》にわたる専門部署を統括《とうかつ》して、プロジェクト全体をマネジメントしていく司令塔《しれいとう》です。そこで、僕は、「Z」のトップを務めるチーフエンジニアを補佐する立場で、既存の量販車のモデル・チェンジをマネジメントしていくことになったのです。いわば、トヨタの開発部門の保守本流の部署です。

ところが、これがきつかった。当時の僕の肩書は係長級。にもかかわらず、自分の2階級上にあたる、各部署の部長級と対等に交渉しろ、と言われていました。コミュニケーションが苦手な僕にとっては、それだけでも高いハードルでした。しかも、僕には量販車の経験がありませんから、仕事上必要な知識がほとんどありません。〝わかってない若造〟にマネジメントされて面白い人はいませんから、僕は四面楚歌《めんそか》のような状況に陥ってしまったのです。

これは、完全に僕の力不足。そもそも自分の実力を考えると「Z」に行くのはとても怖いことでしたが、予想どおり、いや予想以上のつらさだったわけです。精神的に追い詰められ、ややウツのような症状が出るほどの毎日でした。それでも、なんとか踏ん張っているうちに、量販車の知識を蓄え、多様な関係者を巻き込みながらプロジェクトを進めていくコツのようなものを、少しずつ身につけていくことができました。そして、マネジメントの面白さも実感できるようになったのです。

「職人」ではなく、「マネジメント」をめざせ

とはいえ、今でも僕は、マネジメントやリーダーシップに自信があるわけではありません。この領域は、一生勉強だと腹をくくっています。むしろ、正直に言えば、

「職人」のほうが向いているかもしれません。

実際、Ｐｅｐｐｅｒのときも、何度もプロジェクトをうまく舵《かじ》とりできない局面に陥りました。あるときは、思うように他部署の協力を得ることができず、頭を抱えてしまったこともあります。そして、孫正義社長に、役員が勢揃《せいぞろ》いした会議の席上で痛烈なお叱りを受けたのです。

「お前の情熱が足りないから、プロジェクトが動かないんだ！」

会議室が極度の緊張感に包まれた瞬間でした。もちろん、僕に反論の余地はありません。ご指摘のとおりなのです。しかし、僕はこの言葉に孫社長の思いやりを感じました。なぜなら、この叱責《しっせき》によって、周囲の人々に「Ｐｅｐｐｅｒのリーダーは林である」と強く示すことになるからです。

結局、人々を動かすのは「情熱」以外にない

同時に、「情熱」という言葉にハッとさせられました。

もちろん、僕はＰｅｐｐｅｒに孫社長にも劣らないほどの情熱をもっていたつもりです。しかし、ソフトバンク社内では新参者であったこともあり、必要以上に他

部署に気をつかっていたのかもしれない。その結果、「調整」に終始していたのかもしれない……。

そして、ＬＦＡのころのことを思い出しました。あのころ僕は、純粋に「情熱」に突き動かされて、上司や他部署の人々に熱く語りかけていました。僕の未熟さのせいで、軋轢《あつれき》を生んでしまったこともあります。しかし、それでも多くの人々が力を貸してくれました。あれこそ、リーダーシップだったのではないか？　**結局のところ、人を動かすのは「情熱」以外にないのではないか？**　そんな原点を思い出させてくれたのです。

そして、孫社長の叱責を機に、プロジェクトは少しずつ軌道《きどう》に乗っていきました。その後も、苦しい局面の連続でしたが、なんとか数百人が関係するプロジェクトをゴールまで引っ張っていくことができたのです。

だから、僕は**「誰でも、リーダーになれる」**と考えています。

なぜなら、リーダーシップの根源は「情熱」だからです。**「ゼロイチをやりたい」という純粋な情熱さえあれば、リーダーシップに必要なスキルは、後からついてくる**と思うのです。逆に、「情熱」がなければ、いくらスキルを振り回しても、誰も本気では力を貸してはくれません。

そして、優れた「職人」には、必ず「情熱」があります。

その「情熱」を信じて努力をすれば、きっと誰でもリーダーシップを発揮して、自分が思い描くゼロイチを実現することができると思うのです。

第4章

「物語」がゼロイチのエンジンである

15▼「ゴール」がゼロイチの成否を決める

ユーザーの「隠れた願望」をゴールに設定する

「願望」が主で、「技術」が従

僕は、エンジニアとして社会人キャリアをスタートさせました。

しかし、エンジニアとしては、少し変わったところがあったかもしれません。

というのは、**技術そのものを愛しているというよりも、何らかの「願望」を実現させるために技術を使う**という傾向が強かったからです。

子どものころからそうでした。

僕は宮崎駿監督のアニメが大好きで、特に、作中に登場する印象的な乗り物に魅《み》了《りょう》されました。なかでも、『風の谷のナウシカ』のメーヴェという尾翼《びよく》のない飛行機が大のお気に入り。「実際にメーヴェに乗りたい」。そう思い立って、まずは第一歩として、1mぐらいの翼をもつ模型のメーヴェを、小学生ながらつくり始めたのです。

エンジニアだった父親は、その試作をする姿勢は喜んでいたようですが、メーヴェそのものには否定的でした。「尾翼がないと飛行が安定せず、すぐに墜落《ついらく》するはずだ」などと夢のないことを言うのです。「そんなわけがない。あの宮崎駿が考えたフォルムだぞ」と内心反発。黙々《もくもく》とメーヴェをつくり続けました。

しかし、結果は惨敗《ざんぱい》。市販の模型飛行機を改造してつくったので、翼の出来がよく、無風のときにはスーッとたいへんよく飛んでくれたのですが、少しでも横風が入るとクルクル回りながら落ちてしまう。メーヴェを日常の移動の道具として夢見ていた僕にとって、これは致命的な欠陥でした。残念ながら、父親の言うとおりだったのです。でも、その悔しさが原動力になって、「なぜだろう?」「飛行機が飛ぶメカニズムとは?」と延々と考えるきっかけとなりました。そして、この経験が、その後、大学で空気力学を専攻する原点になったのかもしれません。

中学時代には自転車に凝《こ》りました。

近所の空地を自転車で走り回るのが楽しかったのです。当時の僕にとっては擬似《ぎじ》的《てき》な冒険体験。だから、一見走れないと思うところを走ろうとチャレンジするわけです。そのうち、友達と競い合うようになりました。たとえば、ジャンプ。大きな段差のある場所をジャンプして、走り抜けられるかを競うわけです。

すると、当然、自転車への負荷が高くなって、車輪が歪《ゆが》んで壊れるようになります。そこで、今度は改造を始めました。「車輪はどういう構造になっているのか？」「どうすれば、車輪の強度を高めることができるのか？」と研究。今、振り返ると、これは、僕なりの〝エンジニア魂〟の芽生えだったのかもしれません。

つまり、僕にとって大事だったのは、「メーヴェに乗りたい」「自転車で難所を走《そう》破《は》したい」という願望。それを叶《かな》えるために、技術を学んでいったのです。言い換えれば、**「願望」が主で、「技術」が従**ということ。これは、現在に至るまで、一貫して変わらないスタンスです。そして、その姿勢が結果として、その後のゼロイチに生きてきたように思うのです。

人間としての「実感」の伴うゴールを探す

トヨタに入って3年目——。

僕は、たまたま「レクサスLFA」のプロジェクトにエントリーされました。僕に与えられたのは、「ダウンフォース」を生み出すというテーマでした。

ダウンフォースとは、車体を下に押し付ける空気の力のこと。この力が安定して強いと、タイヤと地面の摩擦力《まさつりょく》が強くなります。そして、この摩擦力が強ければ強いほど、スピードも速くなるし、走行の安定性も上がります。すなわち、「乗り心地」がよくなるわけです。

ところが、当時は、ダウンフォースを意識してつくられている市販車は、世界的にも稀《まれ》でした。あるにはありましたが、その多くは「自称《じしょう》」。実測《じっそく》すると性能が出ていないものが多かったのです。本当に実現しているのはレーシングカーの世界だけ。つまり、一般の道を走れないようなレーシングカーの技術を市販車に応用することが求められるわけです。それは、空気力学のエンジニアにとってきわめて魅力的なゼロイチでした。ただ、どこか物足りない。「ダウンフォース」というだけでは、「具体的に何をしたらいいのか?」が明確にならなかったのです。

そこで、僕は、こんなことを考えました。

LFAを買ってくださるユーザーは、何を求めているんだろう？

一台3750万円の高級車です。そこに、「強い想い」がないはずがありません。その想いがわかれば、やるべきことが具体的に見えてくるかもしれない……。

そして、ピンと来るものがありました。もちろん、僕はそんなに高い買い物をしたことはありませんが、無理をして高級品を購入したことはあります。たとえば中学時代に、懸命に貯金して買ったセミオーダーメイドの自転車。値段は違うけれど、無理をしてでも買いたいと思う気持ちには似たところがあるはず。僕は、あのとき、何を求めていたのだろう？　それで思い出したのが、当時の自転車雑誌。新しい部品や自転車の情報に関する記事を、むさぼるように読んだものです。

特に面白かったのが開発ストーリー。趣味性の高い自転車は、性能を高めるために工夫が凝らされており、それが部品やフレームの形状に機能美として表現されています。開発ストーリーを読むと、後に一世を風靡《ふうび》したNHKのノンフィクション番組「プロジェクトX」のような開発物語として、そこにかかわった人たちの情熱が製品に透けて見えるような気がしました。そして、「すごいな、この部品！　使ってみたい！」とワクワクするような「憧れ」を感じるようになるのです。

つまり、僕がちょっと無理をしても買いたかったのは、この「憧れ」だったのです。だったら、**ＬＦＡを買ってくださる方が求めているものの本質も、「ダウンフォース」という「現象」ではなく、「すごいな、この車！」という「憧れ」であるはず。**こうして僕は、この仕事のゴールを「憧れ」が透けて見える形と性能に設定することにしたのです。

ユーザーが求めているのは「技術」ではない

すると、やるべきことが、少しずつ具体的に見えてきました。まずその目標を単なる「ダウンフォース」ではなく、「圧倒的なダウンフォース」を実現することにしました。さらに、その開発ストーリーがわかりやすく表現される形状をもたせることをゴールに設定したのです。

そのふたつを両立するために僕が注目したのが、車体の裏側でした。

車体の裏側は、乗用車のダウンフォースを生み出す重要なポイントです。ふたつの接近した平面に特定の空気が流れ込むと、そのふたつの平面をくっつけようとする力学が働きます。つまり、車体の裏側と地面の間に流れる空気を適切にコントロールすれば、強いダウンフォースを生み出すことができるのです。しかも、車体の表側の形状はデザイナーが主役ですが、裏側はエンジニアが主役。エンジニアである僕がアプローチしやすい領域でした。

　そこで、僕は、車体の裏側をレースカーのようにカバーで覆《おお》うことを考えました。普通の乗用車の裏側は、いろいろな部品がゴチャゴチャとむき出しになっていますが、それをスッポリとカバーで覆うのです。そして、理想的な空気の流れを生み出すために、そのカバーにさらに空気の流路《りゅうろ》をつくったり、車体後方のカバーの形状を上部に切り上げることで、空気を吸い出せるようにするわけです。

　普通の人は、車体の裏側など気にしませんが、３７５０万円の車に興味をもつマニアにとっては、見えない部分のこだわりはとても大事な「開発ストーリー」の一部。それに、車体後方の形状は、見る人が見ればその創意工夫を視認することができるのですから、わかりやすい。それっぽいデザインではなく、本当の機能美をつくり込みたい。このような開発ができたら、きっとユーザーの「憧れ」の足しになるはず。こうして、僕の人生初のゼロイチは動き出したのです。

　残念ながら、開発の途中でＦ１に異動になったため、僕はＬＦＡの発売までかかわることはできませんでしたが、このコンセプトは後任の担当者や関係者の多大なる努力で実現。ユーザーからも、よい評価をいただくことができたのです。

このときの経験は、僕にとって「指標」になっています。

最大のポイントは、ゼロイチのゴールをどこに設定するのかということ。僕は、**必ず、ユーザーの「隠れた願望」をゴールにしなければならない**、と考えています。「隠れた願望」とは、ユーザーに聞いても出てこない、だけど見たり経験したら欲しくなるようなもののことです。

僕たちはついつい、新技術を投入すればゼロイチが生まれると考えがちですが、そのような「技術を出発点としたゼロイチ」は難しい。**新技術を投入すれば「これまでにないもの」は生まれるかもしれませんが、市場に受け入れられなければ、ただの自己満足**です。大切なのは、あくまでユーザーの願望に応えるために、技術を選択すること。つまり、「願望」が主で「技術」が従ということです。

ユーザーが求めているのは「技術」ではありません。

ユーザーの「願望」こそが、ゼロイチのゴールなのです。

16▼「物語」がゼロイチのエンジンである

魅力的な物語があれば、必ず「協力者」は現れる

「新しいこと」をやりたいのはゼロイチの担当部署だけ

ゴール設定がゼロイチの成否を決める――。当たり前に聞こえますが、これは、見落とされがちな重要なポイントです。ゴール設定がユーザーにとって魅力的でなければ、どんなに自分の思い入れのある最新鋭の技術を投入して、新しい世界観を提示したところで、その成果物は市場に受け入れてもらえません。「これまでになかったもの」かもしれませんが、それでは、「0」から「1」を生み出したことにはならないのです。

それだけではありません。**魅力的で説得力のあるゴール設定ができなければ、社**

内の協力を得ることが難しくなってしまいます。ゼロイチは、他部署にとっては通常業務の範疇《はんちゅう》にない、追加の「例外処理」を強いる存在。十分な根拠がなければ「例外処理」に時間をかける合理的な理由がありません。

むしろ、こう言うべきでしょう。**悲しいかな、往々にして、新しいことをやりたいのはゼロイチの担当部署の人間だけ。他部署の人々は「自分のところには火の粉《ひこ》を飛ばさないでよね」と見張っている**ものなのです。そんな彼らの協力を取り付けるには、魅力的で説得力のあるゴール設定が絶対に必要なのです。

ＬＦＡのプロジェクトで、それを痛感させられました。

僕は、ユーザーの「憧れ」をゴールに設定。そのために、「圧倒的なダウンフォース」を生み出すとともに、その開発ストーリーをわかりやすく表現するためにも、車体の裏側をスッポリとカバーで覆《おお》うことを考えました。

しかし、これは、実はものすごくたいへんなことなのです。自動車は無数の部品を精巧《せいこう》に組み合わせてできています。成形性、冷却性、耐久性、安全性、メンテナンス性、原価、質量、法律上の制約など、無数の因子《いんし》が複雑に絡み合って、ひとつの形を成しているのです。そのため、ひとつの部品を1㎝動かすだけで、あらゆる部品に影響が出てきます。それをすべて検討したうえで、従来の装備《そうび》に変更を加えていかなければならないわけです。

もちろん、新たな課題も生まれます。カバーで覆うことに対する知見《ちけん》が少ないために、そもそも従来の予測技術では精度が出ない。事前に「何が起きるか？」を予測するのが難しいのです。車体内部の思わぬところに熱がこもりやすくなったり、共振して音がこもったりします。その予測技術の確立と、打開するための対策を同時に講じていきます。しかし今度は、衝突安全性能に影響が出たりします。そのため、あらゆるリスクを新たに考え直さなければならなくなるわけです。

このように無数に出てくる問題を一つひとつ解決していくのは、まさに気が遠くなるような作業。しかも、他部署の専門家に協力してもらえなければ、何一つ先に進めることができないのです。

一流のエンジニアを動かす「言葉」とは？

そのため、僕は何度も立往生《たちおうじょう》しそうになりました。

たとえば、こんなことがありました。僕は、「圧倒的なダウンフォース」を生み出すために、車体の裏側にどんな空気の流れをつくるべきか実験を続けました。その結果、どうしてもサスペンションを曲げる必要があることに考えが至りました。

ご存知のとおり、サスペンションは、地面のデコボコによる振動を車体に伝えない緩衝装置《かんしょうそうち》ですから、乗り心地や操縦安定性に直結する非常に重要な部品。ブレーキの力も受けもつなど、安全性を担保する大事な機能ももっています。それを「曲げる」というのだから、担当部署の担当者は「いい顔」をしないのも当然です。

だから、僕は、実験結果を示しながら、サスペンションを曲げることによって生まれる「圧倒的なダウンフォース」の効力を力説。しかし、技術的な話をいくらしても、なかなか首を縦に振ってはくれませんでした。結局、そのときは門前払い。その後、何度も、その担当者のもとを訪れる日が続きました。


しかし、あるとき、担当者の表情が変わった瞬間がありました。

僕が、ＬＦＡのプロジェクトのゴールを起点に、開発ストーリーの重要性について熱弁したときのことです。

「すごい車の開発ストーリーを読むとワクワクしますよね？　そして、その車に対する憧れが生まれる。３７５０万円の車を買うお客様は、その憧れを求めていると思うんです。きっと、見えないところまでこだわることの価値をわかっていただけるはずなんです。そして、LFAの最大の売りのひとつが空気力学による圧倒的なダウンフォース。ダウンフォースが十分にあれば、操縦安定性があがる。そのために、どうしてもサスペンションを曲げなければならないとすれば、そこにこそ、お客様が憧れをもつ開発ストーリーが生まれる。他車では考えられないことだからこそ、サスペンションを曲げることに、すごい価値が生まれるんです。あなたの協力がなければ、その価値を生み出すことができないんです。力を貸していただけませんか？」

こんな話をしたのです。担当者は、しばらく黙って考えを巡らせていましたが、表情を緩《ゆる》ませるとこう言ってくれました。「で、どうすればいいの？」。これは、嬉しかった。自分が思い描くゼロイチを実現するために、サスペンション設計という重い責任を背負った担当者が協力の意思を示してくれたからです。その後、彼は、曲げても強度や機能が落ちないサスペンションを設計。これが、僕が役員に怒鳴られ、Ｆ１に行くことになった一連の事件の発端《ほったん》となったわけです。

誰もが「物語を生きる」ことを求めている

この経験は、僕に大きなヒントを与えてくれました。

あのとき、僕は「なんとか理解してほしい」と、無我夢中《むがむちゅう》で話しただけです。しかし、重責《じゅうせき》を担うがために慎重だった担当者は、そのスタンスを変えてくれました。なぜか？　まず第一に、ＬＦＡのゴール設定に共感してくれたからだと思います。

通常、ＬＦＡという車としてのゴール設定など、チーフエンジニアではない一担当者が語るものではありません。しかし、彼も自動車が好きでトヨタに勤めているわけですから、開発ストーリーに憧れを感じる気持ちは一緒。僕も、自分の実感をもとに設定したゴールですから、心の底から熱く語ることができます。だから、きっと、彼の心に響くものがあったのだと思うのです。

そして、第二に、開発ストーリーについて語ったことです。

圧倒的なダウンフォースのために、サスペンションを曲げる。そのチャレンジを伴うストーリーにこそ、ユーザーにとって価値があることを熱弁したのです。言ってみれば、彼に、そのストーリーの登場人物になってほしいと頼み込んだわけです。

僕は、これも、彼の心を動かす大きな要因になったのではないか、と思いました。

なぜなら、**誰もが「物語を生きる」ことを求めているから**です。

それは「プロジェクトX」が人気だったことからも、理解できます。僕もあの番組には毎回心を動かされました。なぜ、心が動くのか？　それは、**価値あるものを生み出すために、何人もの登場人物が山あり谷ありの「物語」を生きているからです。そして、自分も、そんな「物語」を生きてみたいと思う。それは人間の根源的な本能のひとつである承認欲求なのかもしれません。**

ゼロイチにおいて、結局どれが正しいかなんて、事前にはわからないものです。よい車をつくりたいと皆が思っていても、空力を優先すべきか、サスペンションを優先すべきか、つくってみないとわからない。

それでも、限られた時間のなかで、サスペンションを曲げるというはっきり言って面倒くさい「例外処理」に付き合おうと思ってくれたのは、設計担当者がきわめて柔軟で理解力があったのはもちろんですが、僕が開発ストーリーを熱弁することで、図らずも、この「根源的な欲求」をわずかでも刺激することができたからではないかと思うのです。

誰もが「物語を生きる」ことを求めている——。

これは、僕にとって大きな学びとなりました。

ゼロイチを実現するうえで、**他部署の協力を取り付けるには、技術的な正当性を訴えるだけでは足りません。共感できるゴールがあり、そのゴールに到達するまでの「物語」を語る。そして、その「物語」に加わってほしいと訴える。**これが、人を動かす大きな力となるのです。だから、これ以降、僕は、ＬＦＡのときはもちろん、Ｆ１のときも、Ｐｅｐｐｅｒのときも、「物語」を一生懸命に説き続けました。

もちろん、これだけで１００％うまくいくわけではありません。相手への気づかいも大事でしょうし、コミュニケーション能力も問われるでしょう。正直に言うと、僕は、こうしたことが苦手で、相手に不愉快な思いをさせてしまったことも山のようにあります。だけど、そんな僕でも、まがりなりにも、他部署の人たちに動いてもらうことができました。それは、「物語の力」を信じたからだと思っています。

自分のやろうとしているゼロイチのゴールは何か？

そのゴールは、ユーザーはもちろん、社内の共感を得られるような「実感」がこもっているだろうか？　そして、そのゴールに到達するための「物語」を熱く語れるだろうか？　僕は、いつも、こんなことを自問しているのです。

17▼「計画」と「無計画」の間を進む

ゼロイチという〝視界不良〟な仕事をいかに進めるか？

ゼロイチとは常に〝視界不良〟のプロジェクトである

ゼロイチで難しいのが進行管理です。

なぜなら、**ゼロイチのプロジェクトは常に〝視界不良〟**だからです。

プロジェクトの「ゴール」は定めますが、それはあくまでもコンセプトであって、具体的な完成イメージが見えているわけではありません。いわば、濃い靄《もや》がかかった川を渡るようなもの。与えられた時間的制約のなかで、はっきり見えないゴール地点に辿《たど》り着《つ》かなければならないのです。

しかも、川の様子もよくわからない。途中に激流が流れているかもしれないし、渦が巻いている場所があるかもしれない。そんな冒険とも言えるようなプロジェクトでは、当然、関係者の腰がひけます。そうなると推進力も出ず、誰の協力も得られず、うまくいくはずのモノもそうはいかなくなる。ゼロイチは、そんな危険性と常に背中合わせなのです。

　では、そのような事態を避けるためには、どのように進行管理をしていけばいいのでしょうか？

　僕は、「飛び石」を置くのがよいと考えています。

　ゴール地点までの推定距離と与えられた時間的制約から逆算して、到達すべき一歩一歩の「飛び石」を小刻みに置いていく。その飛び越え方はみんなで議論したり、担当部署に任せたり、その時々で後から決めればいい。だけど次の一歩をどこにするかを決めるのは、プロジェクトのマネジメントでとても大事なことだと思います。そして、「飛び石」から「飛び石」へと、ひとつずつジャンプをしながら、向こう岸のゴール地点をめざすのです。

　もちろん、「飛び石」は〝仮置《かりお》き〟です。めざすべきゴールは堅持《けんじ》したうえで、状況次第で、「飛び石」の位置は臨機応変《りんきおうへん》に変更する。そんな、ゆるやかな計画をもとに、進行管理をしていくのが、日々状況が変わるゼロイチにおいては現実的だと思うのです。

もちろん、それ以外にも、川を渡る方法はあります。

たとえば、「橋をかける」という方法。ゴールまでのアプローチを最初に決めて、一直線でそのルートを駆《か》け抜《ぬ》ける。つまり、ガッチリとした計画を組み上げてしまう方法です。これが最も効率的で、進行管理もしやすい方法だと言えるでしょう。しかし、これは、プロセス全体がはっきりと見えている既存事業には有効ですが、ゼロイチには不向きです。

そもそも、ゼロイチの場合には、ゴールの着地点も、着地方法も明確ではありませんから、そこに向けて一直線の工程を組み立てるのが難しい。にもかかわらず、**無理に詳細の計画をつくって、上層部の承認を得てしまうと、後々、それが足かせになりかねません。場合によっては、正しいゴールに辿《たど》り着《つ》くことよりも、計画を遵守《じゅんしゅ》することが目的化してしまう恐れすらあります。**

それでは本末転倒《ほんまつてんとう》。既存事業に適切な方法だからといって、それをゼロイチに無理やり当てはめようとしてはいけないのです。ゼロイチで重要なのは、試行錯誤《しこうさくご》のプロセス。試行錯誤を繰り返す以外に、靄《もや》のかかったゴール・イメージをクリアなものにしていく方法はありません。ところが、「橋」をかけてしまうと、この試行錯誤の余地が少なくなってしまうのです。それでは、とてもゼロイチを成し遂げることはできないでしょう。

「計画」と「無計画」の間に正解がある

とはいえ、完全な無計画ではプロジェクトは破たんします。

無計画とは、いわば、川を「泳いで渡る」こと。一かき一かき、ゴールと思われる方向に向けて泳ぎ続けるわけです。しかし、これが難しい。なぜなら、あまりに遠いゴールだけを与えられても、現場のスタッフはなかなか具体的なアクションに結びつけることができないからです。

しかも、ゼロイチはチームプレイ。あまりに遠いゴールでは、目的意識を揃《そろ》えることができません。向こう岸に着いてみれば、全員バラバラだったということになりかねないのです。それに、ゴールに辿り着くまで「達成感」を得ることもできない。それでは、長期間のプロジェクトをやり抜くモチベーションを維持するのも非常に難しい。進行管理が成立しない事態に陥ってしまうのです。

だからこそ、「飛び石」が必要なのです。

「飛び石」は、個々のプロジェクト・メンバーが120％の力を発揮すれば、ギリギリ達成できるポイントに置きます。そして、一つひとつの「飛び石」をクリアしていけば、最終的にはゴールに辿り着けるというストーリーを示すのです。このイメージを共有することができれば、目先の「飛び石」に到達することに対するモチベーションが生まれます。そして、無事に、その「飛び石」への着地に成功すれば、それが達成感を生み、次をめざす活力となります。このような経験を積むことで、チームは自律的にゴールに向かって動くようになるのです。

もちろん、進行管理もしやすくなります。

「飛び石」は〝仮置き〟ではありますが、プロジェクト進行のペースメーカーになるからです。一つひとつの「飛び石」をスケジュールどおりこなしていれば、関係者の力が平均以上は出ているので、一定の期間内で必ずそれなりに前進し、そのたびに何か発見があります。時間ばかりかかりたって何もできてこないという事態は確実に避けることができますし、それが、「思った以上に自分たちはできる！」と関係者が自信とやる気を持つことにもつながります。それを続ければ、いつか必ずゴールに到達するのです。

しかも、〝仮置き〟だからこそ、柔軟な軌道修正《きどうしゅうせい》も可能。「ちょっと、方向性を間違えている」と思えば、次の「飛び石」を置き換えればいいのです。こうして、試行錯誤の余地をもてるのも、「飛び石」の優れた点。このように、**ゼロイチにおいては、「計画」と「無計画」の間に、進行管理の「正解」がある**と思うのです。

目標設定は、必ず「ゴール」から逆算する

ただし、注意点があります。

「飛び石」とは、「メンバーが１２０％の力を発揮すれば、ギリギリ達成できるポイント」に置くものですが、これは、いわゆる「ストレッチターゲット」とは異なるものです。

「ストレッチターゲット」とは、「メンバー自らができると思う目標よりも、少し高い目標を置くことによって、メンバーの実力を出し切る」ことですから、通常は、

まず各担当に自分や自部署の目標を設定してもらい、それをストレッチして置き直すという手順を踏むわけです。

しかし、この手法はゼロイチでは使えないことが多い。なぜなら、**ゼロイチは〝視界不良〟ですから、各担当に最初の目標設定を任せてしまうと、その視界の悪さから恐怖心が先にたち、どうしても小さくまとまりがち**だからです。それを多少ストレッチしたところで、ゼロイチを生み出すことはできません。ゼロイチとは、「誰もやったことのない」ものなのだから当然のことです。

だから、**「飛び石」は、必ず「ゴール」から逆算して設定しなければなりません。**つまり、「ゴール」を設定したプロジェクト・リーダーが、自らの責任と裁量で、「飛び石」と「それを達成しなければならない理由」を示さなければならないのです。そのためには、まず第一に、組織がプロジェクト・リーダーに裁量を与える必要があります。この権限委譲《けんげんいじょう》が中途半端だと、ゼロイチの進行管理は非常に難しくなるでしょう。

また、プロジェクト・リーダーが、自らの裁量によって**「飛び石」を置くときに、〝根性論〟に立脚《りっきゃく》するのは絶対に避けなければなりません。**冷静に考えて100%

達成不可能な目標を根性論だけで丸投げしても、メンバーは魂を込めて動いてはくれません。ですから、「飛び石」を置くときには、必ずメンバーとの調整をしなければなりません。その結果、どうしてもメンバーではやり切ることができない「飛び石」だとわかったときには、人員増や外部リソースの投入も検討すべきでしょう。

しかし、あくまでメンバーに合わせるのではなく、「ゴール」に合わせて設定するのが「飛び石」。これこそが、ゼロイチを実現させるうえでのキモと言っても過言ではありません。僕が開発リーダーを務めたＰｅｐｐｅｒをなんとか世に出すことができたのも、この「飛び石」の置き方が大きくは間違っていなかったからではないか、と思うのです。

18▼「相場観」がゼロイチの武器である

練習を重ねて〝非論理的〟な「勘」を磨く

「相場観」がなければ、ゼロイチのスケジュールは組めない

いかに、適切な「飛び石」を置くか――。

これが、ゼロイチの成否のキモとなります。

しかし、これが難しい。ゴールから逆算して設定するのが「飛び石」ですが、そもそも、ゴールも具体的な形として見えているわけではありません。遠い向こう岸に靄《もや》がかかったような状態なわけですから、どの方向に「飛び石」を置けばいいのか判然《はんぜん》とはしません。

しかも、メンバーが目をつぶっていても飛べるような距離（時間制限・難易度）

に「飛び石」を置いているようでは、時間ばかりかかってゴールには辿《たど》り着《つ》けませんし、どんなに助走《じょそう》をつけても到底届かないような場所に置いても〝ドボン〟するだけ。飛べるか飛べないかの絶妙なポイントに「飛び石」を置かなければならないのです。

そして、「飛び石」を置く方向、距離には無数の可能性があります。そのなかで、どこに「飛び石」を置くかによってプロジェクトの進捗速度《しんちょくそくど》と実現可否が決まるわけです。

では、どうやって「飛び石」を置くか？

身もふたもないようですが、この問に対してはあらゆるゼロイチに普遍的《ふへんてき》に当てはまるような、ロジカルな方法論はないかもしれません。ただ、**人には「相場観」があります。これこそがゼロイチを率いるうえで大事な能力**だと思うのです。

僕の場合は、だいたい1・5か月おきに「飛び石」を置くようにしています。1・5か月でちょうど具体化できるようなところに「達成すべき目標」を置いて、それを次々とこなしていけば、魅力的なゴールに到達できるという相場観をもっているのです。もちろん、これは僕の相場観。僕と違う相場観をもつ人には、必ずしも当てはまらないと思います。しかし、少なくとも、これまで僕がかかわってきたプロジェクトでは、「これが、おおむね正解」と体感しています。**これより長いとだれるし、短いと変化が小粒《こつぶ》になり開発速度が落ちてしまうのです。**

トライ&エラーで「相場観」は磨かれる

では、どうやって「相場観」を磨くか?

こればかりは、経験を積むほかありません。

僕は、若いころから、自ら「時間の制約」を設けて、仕事を回すことを徹底してきました。与えられた仕事を細かく刻み、「やるべきこと」と「達成する期間」を決めるわけです。

当初、自分に課したのは「1か月」。LFAではじめてゼロイチのプロジェクトにかかわったときに、「1か月間トライ&エラーを繰り返したうえで、必ず新しい試作品をつくる。そして、次のプロセスに入る」と決めたのです。

ところが、何度チャレンジしてもうまくいきませんでした。

「1か月」だと、時間が足りずに、〝落としどころ〟を探すことに集中し始めて、革新的なトライアルができなくなってしまうのです。逆に、時間の制約をゆるくしすぎると、今度は、どうしても気持ちのゆるみが生じてしまい、結果的に、リカバリーが難しいレベルの進捗の遅れを生んでしまいます。

そんな失敗を繰り返すことによって、「このくらいの難易度のトライアルには、これくらいの期間が必要なんだな」という「相場観」がだんだんと生まれてきました。もちろん、できるだけ高い目標を達成できるように、できるかできないかギリギリの水準を追求。そして、最終的に辿り着いたのが「1・5か月」というスケジュール感覚だったのです。

しかも、これが、F1でも、うまく機能してくれました。開発プロセスもやるべきこともまったく異なる領域であるにもかかわらず、です。だから、僕は、Pepperでも「1・5か月」を適用。「同じものづくりだから、多分これでいける」と勘を働かせたわけです。

この「1・5か月」が、ゴール設定の〝足がかり〟にもなります。

Pepperの場合であれば、会社から与えられた開発期間は2年半（30か月）

ですから、単純に考えれば「30か月÷1・5か月＝20」、つまり、20回のトライアルを回せることがわかります。それぞれのトライアルで、ギリギリどのくらいの難易度をクリアできるかも、なんとなく「相場観」でわかります。そこから、ゴールで到達可能な「水準」も、おぼろげながら見えてくるわけです。

孫正義社長からは、「人と心を通わせる人型ロボットを普及させる」というテーマを与えられていますが、とても2年半では、人と同じような自律判断ができるロボットを開発することは不可能。そこで、僕は、「少しでも人に楽しい気持ちになってもらえるロボット」という、20回のトライアルでギリギリ達成可能なコンセプトに解釈し直すことを提案したわけです。

このように、ゼロイチのゴールを設定するうえでも、「相場観」は必要不可欠なのです。

頼りになるのは〝非論理的〟な勘

では、「相場観」のない分野にチャレンジする場合はどうすればいいか？

僕も、Ｐｅｐｐｅｒのときは、ハードウェアの部分は「相場観」がありましたが、ソフトウェアの開発に関しては素人。当然、「相場観」もありませんでした。

ここで大切なのは、悩まないことだと思っています。「やったことがない」のだから、**悩んだところで答えは出ません。**むしろ、「間違ったらどうしよう？」と悩んでしまうと、思考がフリーズしてしまって手も足も出なくなってしまうだけです。

だから、「まず、やってみる」のが正解。「はじめてやることなんだから、間違って当然」と開き直るほかありません。まずは、エイヤッと「飛び石」を置いてしまう。そして、臆面《おくめん》もなく「ここまでやりたい」とメンバーに伝える。「無茶ぶり」と思われても仕方がないと腹をくくるのです。

すると、たいていネガティブなフィードバックが返ってきます。特に責任感の強い人ほど、保守的な意見を言いがちです。しかし、**「自分は門外漢《もんがいかん》だから」という理由で、メンバーの主張を丸飲みしてはなりません。**それでは、「飛び石」にならないからです。

もちろん、彼らの意見を傾聴《けいちょう》して、「明らかに不可能」であることがわかった場合には、フレキシブルに調整する必要があります。しかし、何よりも大切なのは、めざすべき「ゴール」と、そこに至るまでの「物語」を語り、共感してもらうこと。その共感をベースに、「無理難題」を受け入れてもらう努力をすることなのです。

そして、**全員の合意を必要条件と考えない**こと。

それよりも、とにかくやってみることが大切です。**失敗することもありますが、それは「授業料」だと割り切る。**そうやって地道に修正を重ねるなかで、必ず「相場観」は育ってきます。僕も、Ｐｅｐｐｅｒのソフトウェアに関して、「飛び石」を何度も修正しているうちに、自然と「相場観」をもてるようになっていきました。

「相場観」とは、いわば「勘」です。

もしかすると、「勘」のような〝非論理的〟なものを軽視する人もいらっしゃるかもしれません。しかし、ゼロイチの成否は、この〝非論理的〟な要素こそが鍵となります。

考えてみれば当たり前のこと。

ゼロイチとは、誰もやったことのないことですから、参照できるものは何もありません。そこで頼りになるのは、無数の経験によって身体で覚えた「勘」しかないのです。

第5章

「効率化」がゼロイチを殺す

19▼「効率性」とは危険な言葉である

「意味のある無駄」を最大化する

「意味のない無駄」と「意味のある無駄」

ハードワークなくしてゼロイチなし——。

身もふたもないようですが、これは真理だと思います。

僕自身、ハードワーカーの部類。かつて、トヨタにいたときには、「これ見よがしに働くのはやめてほしい」と嫌味《いやみ》を言われたこともあります。しかし、好きでやっているので、そんなことを言われても戸惑《とまど》うばかりでした。

また、「日本人は労働生産性が低い。もっと、効率的に働くべきだ」という声もよく耳にします。しかし、ゼロイチをやるうえで、僕は、ハードワーク以外の働き方を想像できません。むしろ、ゼロイチにとって、「効率性」という言葉は危険でさえある。効率性を追求して、ゼロイチを生み出すことは不可能だと思うのです。

もちろん、ビジネスにおいて「効率性」は非常に重要な概念《がいねん》です。ビジネスは利益を生み出さなければ継続することはできません。資源・財の配分に無駄があれば、利益を圧縮することになります。だから、ビジネスパーソンは、自分の時間・労力・知識などを効率的に稼働《かどう》させる必要があります。そもそも、貴重な人生を、無駄なことに費やすことは耐えがたい苦痛。その意味では、僕は効率主義者だと思います（周囲の人は、そう思ってないかもしれませんが……）。

ただ、「無駄」には2種類あります。

「意味のない無駄」と「意味のある無駄」です。

もちろん、「意味のない無駄」は徹底して排除する必要があります。しかし、「効率性」という掛け声のもと、「意味のある無駄」まで排除してしまってはならないと思うのです。なぜなら、**ゼロイチの成否は、「意味のある無駄」を厭《いと》わず、いかにそれを積み重ねることができるかにかかっている**からです。

それを、最初に学んだのはＬＦＡにかかわるようになってからのこと。

当時、僕は実験部に属していたため、上司からは、「主業務に90％、ＬＦＡに10％の時間を当てるように」と指示を受けていました。しかし、ＬＦＡの仕事に深くかかわるようになると、10％では10％なりの成果しか出せないことがわかります。その時間配分で成し遂げられることは、上司が想像している内容＋αでしかない。その先に広がる地平を考えると、とても完全燃焼できる時間ではなかったのです。

そして、「広い地平」に到達するためにＬＦＡに没頭し始めると、どうしても総労働時間は長くならざるをえませんでした。気が付くと、ＬＦＡに90％の時間を割き、主業務は10％でこなすようになっていたのです。

ゼロイチは、膨大な「無駄」の果てに生まれる

なぜ、そうせざるをえなかったのか？

ゼロイチは、「誰もやったことがない」ことだからです。

それゆえ、あらゆる可能性がある。その**可能性をどれだけ試すことができるか？**

そして、ありうるベストの「解」を見出すことができるか？　ここにチャレンジ

することこそが、ゼロイチだからです。

だから、そこには必然的に「膨大《ぼうだい》な無駄」が生まれます。**極端に言えば、最終的な「解」以外の試みは、すべて無駄と言うこともできる。しかし、その「99％の無駄」がなければ、ベストの「1％の解」は得られない。**つまり、この「無駄」は「意味のある無駄」ということ。そして、その「膨大な無駄」を受け入れるためには、ハードワークでカバーするほかないのです。

LFAで、僕がめざしたのは「圧倒的なダウンフォース」を生み出すこと。僕は、大学院で空気力学を専攻していましたから、その難しさを重々承知していました。もともと空気力学は、飛行機の進化とともに歩んできた歴史をもちます。ところが、乗用車の周りを流れる空気と飛行機の周りを流れる空気は、まったく異なります。それゆえ、「乗用車で圧倒的なダウンフォースを生む」というテーマは、きわめて特殊な領域だったのです。

もちろん、F1の世界ではダウンフォースの研究が進んでいました。しかし、市販車とは設計の基本思想が異なりますから、その知見もそのまま活用するわけにはいきません。つまり、「お手本」がないということ。言い換えれば、あらゆる可能性がある。だから、自分の手で実験を繰り返すことで、市販車で実現可能な「ベストな解」を見つけるしかなかったのです。

「意味のない無駄」は徹底的に排除する

ところが、ここに問題がありました。

当時の実験方法では、トライ&エラーのプロセスを回すのが難しかったのです。一般的に、市販車の空気力学の実験では、クレイモデル（粘土）でつくった模型を使用します。しかし、これには多くの手間がかかるため、トライ&エラーの数に制限が生じてしまう。つまり、無駄が多かったのです。

そこで、僕は、トライ&エラーを最大化できる環境整備から着手する必要がありました。当時はまだ普及していなかった3Dプリンターで製作した空気力学の精密モデルを製作することにしたのです。トヨタ社内でも初のチャレンジ。それを何の実績もない若造がやろうというのだから、生意気千万。でも、おっちょこちょいの性《さが》で、やらずにいられなかったのです。

まず、コンピュータで空気力学のシミュレーションをして、可能性がありそうな形状を3D－CADでモデル用の図面をひく。それを3Dプリンタで模型に仕上げて、実験に使うわけです。しかも、模型はモジュール化（細分化）して数十個のブロックを組み合わせて作成するように工夫しました。レゴブロックの要領《ようりょう》で、一部の部品を取り換えることで、効率的に実験を繰り返すことができるというわけです。

これが威力《いりょく》を発揮しました。

ひとつの実験のために、ひとつの模型をつくる必要がある粘土模型よりも、圧倒的にトライ&エラーの数を増やすことができるうえに、実験結果がよければそのまま3D－CADのデータを次の工程に回せるために、非常に効率的になったのです。

この業務フローを組み上げるためには、多くの時間と労力を注ぎ込む必要がありました。しかし、**「意味のない無駄」を可能な限り避けるためには、やらなければならない〝遠回り〟**でした。そして、その結果、僕は、「圧倒的なダウンフォース」を生み出すために不可欠なトライ&エラーを、思う存分できる環境を手に入れることができたのです。

「効率的」にゼロイチを生み出すことはできない

それ以降は、延々とトライ&エラーを繰り返す毎日。無限とも思える可能性を試し、無数の失敗を繰り返す。そして、常に考え続ける。そうして、「ベストの解」に一歩ずつ近づいていくプロセスを回し続けたのです。

いくらあっても、時間が足りない。だから、僕は、月曜日から土曜日まで、連日、朝から夜遅くまで働きづめにならざるを得ませんでした。いや、労働時間は本質ではありません。寝てるとき以外は常にLFAのことを集中して考え続ける毎日（寝てる間も考えていたかもしれません）。**重要なのは、労働時間ではなく、脳内時間占有率。**まさに、孫社長の口癖の「脳みそがちぎれるくらい」考え続けました。そうしなければ、「圧倒的なダウンフォース」を生み出すことができないからです。

つらくなかったと言えば嘘になります。しかし、いろんな人を巻き込んでやり始めた以上、途中で放り出すわけにはいかない。「ゼロイチ」を生み出すためには、できることはなんでもする。ここで手を抜くことはできない。その一心でした。

そのために、「主業務」も省力化。定型的な業務は極限まで効率化して、できる限り自らのリソースをLFAに投入。いわば、「意味のない無駄」を徹底的にそぎ落として、「意味のある無駄」を最大化することに知恵を絞ったわけです。このように、**「意味のある無駄」を最大化することこそ、ゼロイチを実現させるカギ**だったのだと思うのです。

だから、「効率性」という言葉には注意が必要です。

ゼロイチは定型業務とは根本的に異なります。定型業務は「平準プロセス」という答えがあり、それをいかに効率的にこなすかが問われますが、ゼロイチには、用意された答えはありません。答えを自ら見つけ出すのがゼロイチなのです。

そして、**「最高の答え」を見出すためには、できるだけ多くのトライ&エラーを繰り返すほかありません。ここを簡素化すれば、効率的にモノを生み出すことはできるでしょうが、ゼロイチを生み出すことは不可能。なぜなら、そのくらいのことは誰かがすでにやってしまっているから**です。

むしろ、トライ&エラーという「意味のある無駄」を愚直《ぐちょく》に重ねることこそが重要。そのために、「意味のない無駄」を徹底的にそぎ落として、「意味のある無駄」を最大化する。そして、それを最速で回し続けることが不可欠。これこそが、ゼロイチにおける「効率性」なのです。

20▼「失敗してない」のは危険な兆候

「安全圏」にいたら凡庸なものしか生み出せない

なぜ、「一流レーサー」は練習走行でスピンするのか？

Ｆ１の世界には、有名な話があります。

天才肌のドライバーは、なぜかレース本番前の練習走行で、意外なほどスピンやコースアウトをするという話です。実際、トヨタＦ１のエンジニアになって、彼らの練習走行を目の当たりにすると、「調子が悪いのかな？」と心配になったもので す。しかし、そんな彼らが、本番では見違えるような走りを見せます。練習走行のコースアウトは何だったのかと、キツネにつままれたような気持ちなるほどでした。

しかし、じきに理由がわかりました。

彼らは、練習走行でギリギリのトライ&エラーを重ねるからこそ、一流になれるのです。「このカーブは、これ以上スピードを出したら危ないかもしれない」「どこまでブレーキを我慢できるか」と、ギリギリ紙一重を狙ってコースを攻めている。もちろん、車を壊して本戦に出られなくなってしまうようなオーバーランはしませんが、コースアウトをしないために〝マージンを取る〟ようなコース取りも絶対にしません。

そして、**成功と失敗のギリギリ紙一重を狙って練習を重ねることによって、最速のコース取りを肌感覚で身体《からだ》に刻み込む**のです。だからこそ、本番で勝てる。この繰り返しで、「一流レーサー」の称号《しょうごう》を手にするわけです。

このことを知ったとき、僕は深く腹に落ちる感覚を覚えました。

というのは、これは一流レーサーならずとも、僕のような普通のビジネスパーソンにも共通する「真理」だと思ったからです。**仕事をするときには、ときに失敗をするぐらい、自分の力で到達できるギリギリの領域を狙う。**その繰り返しによって、ギリギリ成功できる領域を見極めて、果敢《かかん》にチャレンジできるようになる。そして、平均以上の成果を生み出し続けるだけの実力がつく。そんな働き方を習慣化することが、自分を成長させる鉄則だと思うのです。

特に、ゼロイチのプロジェクトでは、この姿勢が不可欠。**〝マージンを取る〟ようなコース取りは、他の人もみんなやっているわけですからゼロイチにはならないですし、大幅にコースアウトするような運転では、「これまでになかった」けれども「誰にも必要とされない」ものにしかなりません。**そうではなく、誰も成功したことのないギリギリ紙一重のコース取りを狙う。スピンやコースアウトを怖れずに、そこにチャレンジする。それしか、ゼロイチを実現する方法はないのです。

ゼロイチの開発は、必然的に「失敗」の連続となる

ギリギリ紙一重のコースを狙う――。

だから、必然的に、ゼロイチの開発過程は失敗の連続となります。

Ｐｅｐｐｅｒのときもそうでした。たとえば、Ｐｅｐｐｅｒのキャラクターづくり。吉本興業や電通の優秀なクリエイターたちと、「かわいくて面白いキャラクター」をめざして、Ｐｅｐｐｅｒの一挙手一投足をつくり込んでいったのですが、こ

れがまさに紆余曲折《うよきょくせつ》。なかなか、「これだ！」というところに辿《たど》り着《つ》くことができませんでした。

特に難しかったのが「芸風」です。

状況に応じて面白いことを言わせることで、親しみをもってもらいたい。しかし、うけるネタというものは、〝安全地帯〟にとどまっていては生まれにくいものです。漫才でも、一方が大きくボケて、一方が大きくツッコむから面白い。ところが、ボケもツッコミも下品と紙一重ですから、少し塩梅《あんばい》を間違えると誰かを不愉快にさせるだけ。Ｐｅｐｐｅｒにとっては危険な領域なわけです。

過去に面白いことを言うロボットなどありませんから、参考になる先行事例もありません。もしかすると、ロボットにギャグを言わせるというアイデアそのものが、すでに〝コースアウト〟なのかもしれない……。そんな不安を胸に、とにかく具体的なコンテンツをプログラミングして、Ｐｅｐｐｅｒに実演させてみる。そして、チューニングを積み重ねるしかありませんでした。

やってみると失敗の連続。無難《ぶなん》なリアクションでは、まったく面白味が生まれないので、次に、思い切ったツッコミを試してみる。しかし、今度はＰｅｐｐｅｒのキャラに合わずに〝ドン引き〟になる。だから、今度は、もう少し無難なところを狙ってみる。こんなチャレンジを、それこそ無数に繰り返しました。

これは、非常に負担の重いプロセスでした。なぜなら、単なる思いつきのコンテンツで試しても経験値は得られないからです。毎回、しっかりとコンテンツを練り上げて、開発をしなければならない。「完成型」の例すらないなか、それを続けるのですから、メンバーにもフラストレーションがたまって当然。しかし、ここが正念場《しょうねんば》。失敗にへこたれずに、どれだけギリギリを攻め続けられるか。これが、成否を分けると思い、僕は、メンバーを激励《げきれい》し続けました。

「成功」には、気の遠くなるような「失敗」が必要

失敗、修正、失敗、修正……。

何度これを繰り返したかしれません。しかし、そのおかげで徐々に「無難」と「やりすぎ」の振れ幅が小さくなっていきました。そして、ようやく、Ｐｅｐｐｅｒのキャラクターに合った芸風に辿り着くことができたのです。そのひとつが、Ｐｅｐｐｅｒの記者発表で披露したロボラップというコンテンツです。

ロボラップとは、いわば〝キレ芸〞。Ｐｅｐｐｅｒが、かなり真剣に人間に対して怒るという芸風で、言っていることは失礼極まりない。これを社内で見せたときには、多くの懸念《けねん》の声が上がり、たいへん揉《も》めました。「教育上、倫理上よくない」「ここでリスクを負う必要がない」など、反対意見が根強かったのです。

しかし、「誰もやったことのないチャレンジを積み重ねてきたからこそ、Ｐｅｐｐｅｒはここまでこられた」と開発の現場では強く思っていました。そして、ロボラップは、それを体現《たいげん》しているコンテンツでもありました。だから、「ぜひ、記者発表会で実演してほしい」と発表会の直前まで僕は粘りに粘りました。その結果、最後の最後に孫社長が「やろう」と英断をくだしてくださったのです。

そして、記者発表会の当日。僕は、開発メンバーとともに、会場の隅からＰｅｐｐｅｒを固唾《かたず》をのんで見守っていました。孫社長とＰｅｐｐｅｒの軽妙《けいみょう》なやりとりが続き、徐々にロボラップの場面に近づいていきました。「吉と出るか、凶と出るか」。ドキドキしていましたが、無事、会場から笑いが起きました。その瞬間、ここまで苦労したメンバーたちが、パッと顔を輝かせました。僕も、ホッと胸を撫で下ろしたことをよく覚えています。

もちろん、プロの漫才師のように、爆笑を起こせるわけではありません。しかし、

Pepperにほんの少し「失礼」の領域に踏み込ませるリスクを冒すことで、和《なご》やかなムードを生み出すことができたのです。そして、このチューニングを開発チームが体得するためには、気が遠くなるほどの失敗が必要だったのです。

さらに嬉しいこともありました。発表会当日のツイッターに、「ソフトバンクの株が、ロボラップをきっかけに上がった」と書き込まれて、ちょっとした話題になったのです。もちろん、株価上昇の真因《しんいん》はわかりませんが、少なくとも、ロボラップについての否定的な反応はほぼ皆無でした。

「失敗への耐性」がなければ成功できない

だから、僕はこう考えています。

ゼロイチに必要なのは「失敗への耐性」である、と。

一流レーサーが練習走行で何度もスピンしながら、カーブの感覚を体得するように、僕たちも、何度も失敗しなければ、ゼロイチのプロジェクトの「勘所《かんどころ》」を体得することはできません。**失敗するからこそ、「超えてはならない一線」がわかってくる。ギリギリのコース取りがつかめてくる**のです。

逆に、**失敗をしないために、〝マージン〟を取った安全圏で仕事をしている限り、凡庸《ぼんよう》なものしか生み出すことはできません。**ゼロイチを成し遂げられるのは、成功するまで失敗のリスクを取り続けられる人。すなわち、「失敗への耐性」をもつ人だけなのです。

いいえ、むしろ、こう言うべきです。

「失敗してない」のは危険な兆候《ちょうこう》である、と。

それは、ギリギリを攻めていない証拠。一見、失敗していないように見えますが、実は、ゼロイチを実現する能力を劣化《れっか》させているだけなのです。

もちろん、単なる凡ミスは論外ですし、闇雲《やみくも》に〝大振り〟をして失敗しても成功には近づきません。ギリギリの〝コース取り〟を狙って、何度もチャレンジする。そして、失敗からフィードバックを受けて、チャレンジの精度を高めていく。

この繰り返しを、どれだけ愚直に続けられるか——。

それが、ゼロイチの成否を決定づけるのです。

21▼「言葉」は無力である

「言葉」で議論するより、「モノ」で議論する

「言葉」に頼りすぎるから迷走する

僕たちは毎日、「言葉」を使って仕事をしています。

言葉でモノを考え、言葉で議論する。それが、当然のことだと思っています。

しかし、実は、この言葉がクセモノ。その限界を認識しないまま、**言葉に頼りすぎることによって、いとも簡単にコミュニケーションは壊れてしまいます**。そして、プロジェクトが迷走を始めるのです。


たとえば、僕が「さわやかな色にしてほしい」と言ったとします。しかし、その

「さわやかな」という言葉に抱いているイメージは、百人百様。僕とはかけ離れたイメージをもつ人がいても、何の不思議もないのです。

たしかに、辞書を引けば「気分が晴れ晴れとして快いさま。さっぱりとして気持ちがよいさま」などといった意味が書かれています。しかし、その説明文から受け取るイメージもまた微妙に異なるでしょう。どんなに言葉を厳密に定義しても、それによって思い浮かべるイメージを一致させるのは難しいと思うのです。

なぜなら、僕たちは、自分の経験に重ね合わせて言葉を理解しているからです。「さわやかな色」と聞いて、ある人は、幼いころに見た晴れた秋空を無意識的に参照しているかもしれないし、ある人は、初夏の新緑《しんりょく》や、春の桜、もしくは憧れのアイドルがよく着ている服の色を思い浮かべているのかもしれません。おそらく、いくつもの記憶が混然一体《こんぜんいったい》となって、その人なりの「さわやかな色」のイメージを形づくっているのでしょう。

そして、他の人とまったく**同じ人生を経験してきた人はいません。だから、同じ言葉であっても、そこから受け取るイメージにズレが生じるのは必然**なのです。

ところが、僕たちはしばしば言葉に騙《だま》されます。

言葉によるコミュニケーションだけで、なんとなく、メンバー同士でイメージを共有したつもりになってしまうのです。これが、地雷原《じらいげん》になります。プロジェクトが進むにつれ、イメージの齟齬《そご》が明確になってきます。「イメージしていたものと違う」「なぜ、言ったとおりにしてくれないのか？」「だって、そう言ったじゃないか？」……。そんな不毛な言い争いが始まり、プロジェクト自体がギクシャクし始めるのです。それでは、いいモノをつくり上げることはできません。

では、どうすればいいいか？

実はコロンブスの卵のように、言われてみれば簡単な方法があります。それは、「言葉」以外で表現すること。「具体的なモノ」で見せればいいのです。「さわやかな色」がほしいのであれば、自分がイメージするさわやかなシーンを実際に見せる。絵画のレプリカでもいいし、写真でもいいし、動画でもいい。これを見せると、驚くほどいろいろな質問がメンバーから出てきます。このひと手間をかけることで、認識がズレるリスクをかなり減らすことができるのです。

あるいは、紙と糊《のり》で試作品をつくってみる。チーム内で認識を揃えることが目的なので、一般的に試作品と呼ばれるレベルの完成度である必要はありません。とにかく、形にして言葉以外の方法で表現して見せることが大事。僕は、会議中に紙とテープで工作をしたり、その場で寸劇《すんげき》をしたりして、「こんなイメージなんだ」と見せたことも何度もあります。〝小学校の工作レベル〟であっても、それをきっかけに議論を起こすことができる。結果として、言葉だけで議論するよりは、よほど質の高い議論をすることができるからです。

ゼロイチを「言葉」で表現することは不可能

これは、ゼロイチでは特に重要です。

誰も見たことのないものをつくっているのだから、当然です。見たこともないもののイメージは、必ずどこか食い違っています。それを正確に言葉で伝えるのは至《し》難《なん》のワザ。だからこそ、言葉以外のモノも使い、お互いのイメージのズレを早いうちに発見することが重要なのです。それを、Ｐｅｐｐｅｒのプロジェクトで痛感しました。

あれは、プロジェクトの最初期段階のこと。

僕は、孫社長の「人と心を通わせる人型ロボットを普及させる」というビジョンをもとに、「人が明るい気持ちになれるロボット」というコンセプトを考えました。そのためには、Ｐｅｐｐｅｒに「心温まる面白いリアクション」をさせることが不可欠。そこで、実際の制作に入る前に、Ｐｅｐｐｅｒに搭載《とうさい》するコンテンツを役員会でプレゼンすることになったのです。

ところが、この企画会議が難しかった。

議論の対象が「面白いかどうか」ですから、人によって感覚が異なります。どんなに詳細に「面白さ」を言葉で表現した企画書を用意しても、そこからイメージするモノが人それぞれに異なるので、うまく伝わらないのです。そして、「これの何が面白いんだ？」という反応しか返ってこない。そもそも、誰も「面白いロボット」を見たことがないのですから、雲をつかむような話。何度、説明しても埒《らち》があきませんでした。

さすがに業《ごう》を煮《に》やした孫社長から、「企画を練り直せ。あさってまでに１００個のアイデアをもってこい！」と命じられたこともありました。もちろん、必死になって１００個のアイデアを考えてプレゼンをしましたが、結果は同じ。どうしても、不毛な議論にしかならないのです。

そこで、僕は**「3か月間、時間をください。うまくいかなければクビにしていただいて結構です」**と孫社長にメール。プロジェクト・メンバーとともに、「面白いコンテンツ」をＰｅｐｐｅｒに実装《じっそう》することにしました。実物で見てもらう以外に、イメージを共有していただくことはできないと考えたのです。

それからは、試行錯誤の毎日。

試作を繰り返し、そのたびに「違う、これじゃない」と軌道修正《きどうしゅうせい》を重ねていきました。僕のなかにはボンヤリとしたゴール・イメージがあるのですが、それがなかなか具体化しない。それは、非常にストレスを感じる状況でした。振り返ってみると、このころが、Ｐｅｐｐｅｒのプロジェクトで、いちばん苦しい局面だったかもしれません。しかし、その過程で、少しずつ「面白いＰｅｐｐｅｒ」のイメージが具体化していったのです。

感性領域の問題は、「モノ」でしか議論できない

そして3か月後——。

ようやく、イメージしていたコンテンツが完成。Ｐｅｐｐｅｒに、ＣＯＷＣＯＷというお笑い芸人の持ちネタである「あたりまえ体操」を、ロボット用にアレンジして踊らせるプログラムを実装したのです。そして、社長へのデモンストレーションの日。「これでわかってもらえなかったら、終わりだ」。そう覚悟していましたから、さすがに緊張しました。

しかし、Ｐｅｐｐｅｒがおもむろに「あたりまえ体操」を披露《ひろう》し始めると、空気が一変。少々ぎこちない様子で、だけど一生懸命に「あたりまえ体操」を踊るＰｅｐｐｅｒの姿は、そのキャラクターと動きがマッチして、なんとも言えずかわいらしくておかしい。険しかった役員の皆さんの表情も、自然にほぐれました。孫社長も楽しそうに笑って、最後には一緒に踊ってくださいました。

百の言葉を費やしても伝えることができなかったことが、一瞬で伝わったのです。そして、これ以降、Ｐｅｐｐｅｒのプロジェクトは一気に加速していきました。社内の期待感も高まり、プロジェクトに熱がこもっていったのです。

だから、言葉には気をつけなければなりません。

ゼロイチに、言葉は無力なのです。特に、Ｐｅｐｐｅｒのように、「感性領域」

に踏み込むゼロイチの場合はなおさらです。**「感性領域」の問題を、言葉だけで議論しても絶対に埒はあきません。できるだけ早い段階で「具体的なモノ」にしてみることが重要。**そして、関係者がイメージを共有することが、ゼロイチを成し遂げる絶対条件なのです。

22▼ユーザーの「言葉」を信じない

言葉の奥にある「想い」を自分の頭で考える

「ユーザーの声」からゼロイチは生まれない

ユーザーが求めているものをつくる──。

これが、ビジネスパーソンに与えられた使命です。

だから、「ユーザーの声」を仕事に反映させることはきわめて重要。市場調査、ユーザーヒアリング、モニターテストなどはもちろん、ユーザーから寄せられたクレームも会社にとって重要な資産と言えるでしょう。

ただし、ゼロイチのプロジェクトでは要注意です。**ユーザーが教えてくれるのは、あくまで「すでにあるもの」に対する要望や不満。それを「すでにあるもの」の改**

善に活かすことはできますが、いくらそんな「ユーザーの声」を集めても、「誰も見たことのないもの」を生み出すことはできないのです。

スティーブ・ジョブズが、まさにそうでした。彼は、ｉＰｏｄやｉＰｈｏｎｅのアイデアを生み出すときに、市場調査をあまり参考にしなかったと言われています。むしろ、彼自身が「ほしい」と思ったものを純粋に思い描いた。そして、それを一切の妥協なくカタチにした結果、「誰も見たことのないもの」が生み出され、それを手にしたユーザーは「これこそ、自分が求めていたものだ」と気づいた、というわけです。

ベンチャーを立ち上げるときに、投資家が気にするのも「オマエは何をやりたいんだ？」ということ。ゼロイチとは、そういうもの。「誰も見たことのないもの」なのだから、当然のことだと思うのです。

だから、Ｐｅｐｐｅｒの企画を固める段階では、僕たちも、市場調査をあまり重視しませんでした。しかし、開発が進んで「見せられるモノ」が出来てくると、フェーズが変わります。自分たちが思い描いたゴールに近づいてきて、最後の〝煮詰《につ》め〟をするためには、ユーザーの反応を確認することが不可欠。ユーザーの感じる違和感を知り、完成までにその違和感を潰《つぶ》していけばいいからです。だから、Ｐｅｐｐｅｒがある程度出来上がってからは、モニターテストやユーザーヒアリングを頻繁《ひんぱん》に実施。徹底的に「ユーザーの声」と向き合っていきました。

このときにも、気をつけなければならないことがあります。**「ユーザーの声」を表面的に聞くことによって、かえって「ユーザーが求めているモノ」から遠ざかってしまう恐れがあるから**です。たとえば、モニターテストのリポート。そこに書いてある言葉を、そのまま「ユーザーの声」と考えるのは、あまりにも危険すぎます。

なぜか？　**ユーザーの思いのすべてを、言葉で表現することなど不可能**だからです。たとえば、ある商品についてモニターテストをしたとします。ＡさんもＢさんも「使ってみたい」と回答したとしても、そこには言葉では表現できないような微妙なニュアンスの違いがあるはずです。

商品を試しているときの、表情の変化、目の動き、うなずき、手つき、声音《こわね》、ため息……。同じ「使ってみたい」という言葉であっても、そこには、言葉では表現しきれない、ものすごい量の非言語的情報があるはずなのです。その情報を身体《からだ》で感じないまま、リポートに書いてある言葉を真《ま》に受《う》けているようでは、むしろ「ユーザーの声」から遠ざかってしまう危険性すらあるのです。

だから、僕は、可能な限り調査現場に足を運ぶようにしました。

そして、モニターの皆様の反応をじっと観察します。その反応を五感で感じるように神経を集中させるのです。もちろん、コアとなるプロジェクト・メンバーにも、できるだけ同行してもらうようにします。同じ経験をして、同じものを身体で感じてもらう。こうして、**メンバー同士が非言語的な情報を共有することによって、はじめて、「ユーザーが何を求めているのか?」について、本質的なコミュニケーションがとれるようになる**からです。

ユーザーは「答え」を教えてくれない

もちろん、ユーザーが口にした言葉を、そのまま鵜呑《うの》みにしてはなりません。

なぜなら、**ユーザーがその言葉を口にしたとき、自分の潜在的なニーズも、ときには自分の本心すらも、よくわかっていない**ものだからです。人間とは、そういうものだと思うのです。

皆さんもそうではないでしょうか？

たとえば、コンビニに行けば、たくさんのお弁当やスイーツが並んでいます。そして、ある商品を手にとってレジに並びます。このときに、「なぜ、このスイーツを選んだのですか？　なぜ、ほかの商品ではなかったのですか？」と聞かれて、明確に答えられるでしょうか？　普通は、なんとなく「おいしそうだったから」「これが好きだから」などと答えるもの。でも、「なぜ、おいしそうなのか？」「なぜ、好きなのか？」などと深堀りされれば、どこかで思わず答えにつまるはずです。**自分が下した判断の根拠を把握して、それを完璧に言語化するのは、人間にとって非常に難しいこと**なのです。

だから、ユーザーの言葉に短絡的《たんらくてき》に反応してはなりません。**ユーザーは「答え」を教えてはくれないのです。大事なのは、言葉の向こうにある「想い」を解釈すること。**ユーザーの言葉をきっかけに、「ユーザーが本当に求めているものは何か？」を自分の頭で考えなければならないのです。

「言葉」の向こうにある「想い」をつかめば、可能性が一気に広がる

それができたとき、大きなヒントを与えられます。

Ｐｅｐｐｅｒ発売後のモニターテストで、僕はとても印象的な言葉と出会うことができました。特別養護老人ホームにもっていったときのことです。

おじいちゃん、おばあちゃんにＰｅｐｐｅｒは大人気。Ｐｅｐｐｅｒを見た瞬間、「あら、かわいいわね」というふうに顔をほころばせてくれました。そして、そっとＰｅｐｐｅｒの手に触れると、「あら柔らかい」と笑顔を見せてくれました。ロボットに想像するような硬さがないことを喜んでくださったのです。

そして、一日中Ｐｅｐｐｅｒと遊んでいただいたあとで、僕は「Ｐｅｐｐｅｒを改良するとしたらどこでしょうか？」と質問しました。すると、想像もしなかった答えが返ってきたのです。

「手が温かかったらいいのに……」

この一言が、大きな気づきを与えてくれました。もちろん、実際にＰｅｐｐｅｒに体温を与えようと考えたわけではありません。こんなことを考えたのです。

おそらく、おばあちゃんは、Ｐｅｐｐｅｒを見た瞬間に、人間の子どものように

感じられたのではないか？　だから、子どもと触れ合うように会話をし、自然と手を握ってみた。触ってみると、まるで子どもの手のような柔らかさ。しかし、まだ違和感が残った。それが体温だったのです。

つまり、おばあちゃんは、Ｐｅｐｐｅｒとボディ・タッチという非言語的なコミュニケーションをとろうとしたということ。これは、ちょっとした驚きでした。というのは、それまで僕は、「Ｐｅｐｐｅｒに何をしゃべらせたら、人の気持ちが明るくなるだろうか？」と言語的コミュニケーションに重点を置いて考えていたからです。しかし、たしかに人間は、他者との非言語的なコミュニケーションから癒《いや》しを得ています。それこそが人間の根源的な欲求なのでしょう。

もちろん、僕たちは、Ｐｅｐｐｅｒのちょっとした仕草や姿勢など、非言語的なコミュニケーションにかかわる部分にも、時間の許す範囲で精いっぱいの工夫を加えてきました。これがなければ、Ｐｅｐｐｅｒが人々に与える印象はかなり違ったはずです。しかし、このおばあちゃんの一言は、「その先」にさらに大きな地平があるんだよ、と僕に教えてくれたように思ったのです。

そして、このときの気づきが、「ＧＲＯＯＶＥ　Ｘ」の起業のきっかけにもなりました。非言語コミュニケーションにとことんこだわったロボットが人々を支える時代が来る、と考えたのです。

動物が自然のなかで生き残るために進化の歴史を辿ったように、ロボットも人の生活に合わせて徐々に進化しながら家庭に入っていくはず。今はまだ、お掃除ロボットの「ルンバ」ぐらいしか家庭にいませんが、今後、驚くほどのスピードでロボットと共存する生活がやってくるでしょう。

そんななかで、ロボットは人の代わりに働くだけではなく、人の心の支えにもなっていくと確信しています。そのためにはまず、オーナーに愛されなければならない。ロボットは今後、今よりずっと、キュートで魅力的になっていくはずです。あのおばあちゃんたちが「あら、かわいいわね。こんなのがほしかったのよ」と表情を輝かせてくれる。そんなシーンをイメージしながら、現在、新時代のロボット開発を進めています。

そして、この「新しい夢」を与えてくださったのは、あのおばあちゃんの一言です。**「ユーザーの声」の向こうにある「想い」をつかむことができれば、そこからどんどん可能性は広がっていく**と思うのです。

あとがき

日本はゼロイチの「ホットスポット」だった

日本ではゼロイチが生まれない――。
そう嘆く声をよく聞きます。僕もまったく同感。たしかに、日本発のゼロイチを目にする機会は減りました。しかし、米タイム誌が2016年5月3日に発表した「これまでに世界に最も大きな影響を与えた50のガジェット」(The 50 Most Influential Gadgets of All Time) という記事のうち、なんと約4分の1が日本の製品。トップ20に限れば、実に3分の1が高度成長期〜バブル期の日本発のゼロイチなのです。日本は世界的に見て、ゼロイチのホットスポットだったのです。

では、なぜ、近年はゼロイチが生まれなくなったのか?

僕は、日本人にゼロイチの「能力」がないからではなく、日本社会が成熟したときに、「失敗しない」ことに価値を置いてしまったためだと考えています。

ホットスポットだったころの日本を支えたのは、戦後の瓦礫《がれき》を経験した大先輩たち。「失敗しない」ように生きたのではなく、生き抜くためにやれることは何でもやってきた世代です。また、戦後の日本は今日より明日が必ずよくなるという夢を追える、一億総ベンチャーのような雰囲気だったはずです。その環境は、「ゼロイチ思考」を育てる生きた学校だったと言えるのではないでしょうか。

しかし、高度経済成長期も後半に差しかかったころから、日本社会全体が「失敗しない」ことに価値を置くようになりました。子どものころから、「ケガするよ」「危ないよ」と、〝やっちゃいけないリスト〟を大量に浴びながら育つ。受験勉強も同じ。テストで、いかに失敗せずに「用意された正解」に辿り着くかを競う。さらに偏差値重視がそれを助長する……。

こうして、「失敗しない方法」に縛られて育ってしまった僕たちは、やれることは何でもやった大先輩とは異なり、チャレンジすることが苦手になってしまった。その結果、誰かが与えてくれた「用意された正解」を繰り返すようになってしまったのではないでしょうか。だとすれば、そこから、ゼロイチが生まれるはずがないと思うのです。

そもそも、人生に正解などありません。にもかかわらず、僕たちは人生の失敗を怖れるあまり、目の前にチャンスが転がっていても、自ら手を伸ばすことができない。そして、〝安全地帯〟と信じるぬるま湯にとどまり、ゆでガエルになろうとしている。

だけど、結局のところ、それは「自分の人生」ではないから、常に「自分の人生は正しいのか？」と不安で、どんなに歳を重ねても自信がもてない。これは、とても不幸なことだと思うのです。

ジョブズは「天才」だったのか？

もちろん、僕も若いころは自信がありませんでした。

おっかなびっくりで社会に出たものです。しかし、生来《しょうらい》のおっちょこちょいでもあったので、「やりたい」と思ったら、怖いのに我慢ができずにやってしまう。そのために、無数の失敗もしてしまった。だけれども、その結果、数多くの失敗を繰り返しながら、「どうすれば、うまくいくのか？」と徹底的に考え抜き、何度もチ

ャレンジをするなかで、僕なりにゼロイチにチャレンジできるように成長すること
ができたのだと思うのです。

この間、僕を励ましてくれたのは、過去に輝かしいゼロイチを成し遂げてきた偉人たちの生きざまです。そのひとりがスティーブ・ジョブズ。彼の生きざまから、僕なりに大きなヒントをもらってきました。

彼の最初の大きな成功は、1977年発売のAppleⅡ。しかし、あの製品に最も大きく貢献したのは、共同創業者のウォズニアックだと言われています。誤解を恐れずにいえば、当時のジョブズは人々に夢を見させるのが上手な語り部。彼がほんとうにつくりたかったものが、市場で大成功をおさめるには、1998年発売のiMACまで待たなければなりませんでした。その間、実に20年。僕は、この20年にこそ、彼の成功の秘密があったように思うのです。

彼は、ウォズニアックのAppleⅡを得て、夢を乗せて未来を語る天才的な語り口調で、アクシデンタル・ビリオネア（偶然、億万長者になった人）になりました。僕が注目したいのは、その後の彼の行動です。常人であれば、一度これだけの

資産と地位と名声を得てしまうと、それを失うのが怖くなり、新たなチャレンジができなくなるのが普通でしょう。しかし、彼は、手に入れたものを元手に次々と新しいチャレンジを繰り返しました。しかも、それがことごとく失敗。Ａｐｐｌｅを追い出され、起業したＮＥＸＴもパッとしなかった。それでも、彼はチャレンジをやめようとしなかった。これが、彼のほんとうにすごいところだと思うのです。

そして、20年もの長きにわたって、痛烈な失敗に屈することなく、普通の人が一生で経験する何倍、何十倍もの経験を積み重ねるなかで、ジョブズのなかにすさまじいまでの「無意識の知」が蓄積していった。これが、その後10年以上にわたって世界を変え続けるゼロイチを生み出す「能力」の貯金となったのだと思うのです。

僕は、それを表現したのが、彼がスタンフォード大学の卒業式のスピーチで語った「コネクティング・ザ・ドッツ」だと考えています。大学生のころ、カリグラフィー（文字を美しく見せるための手法）の授業に潜り込んでそれに没頭した経験が、意図せずも、結果的に後のマッキントッシュのフォントデザインに活かされたというエピソードを紹介して、人生のなかで一生懸命やってきたことは、一見無関係のように見えて、後で振り返ると、その「点」と「点」が結びついて、「線」となり、最終的にひとつの「絵」をつくっているという趣旨の話です。

ただ、ここで言われた「カリグラフィー」と「マッキントッシュ」の例は、美しくわかりやすいトピックを選んだだけだと僕は思います。そうではなく、彼が人生のなかで味わってきたすべての経験、特に、20年間の辛酸《しんさん》をなめ続けた経験の一つひとつが「点」となり、それらが縦横無尽《じゅうおうむじん》に結びつくことによって、iMAC、iPod、iPhoneなどの「絵」を生み出したのだと思うのです。

人生を設計しようとしてはいけない

何も「神がかり」的な話をしているのではありません。

「コネクティング・ザ・ドッツ」は、僕たちすべての人間の脳で起こっている普遍的な現象なのです。僕たちは、さまざまな経験をすると、そのときの感覚のすべてが脳に刺激として入り、脳の神経細胞網は否が応でも、不可逆的にどんどん組み変わってしまいます。刺激を受けるごとに、脳の神経細胞網は「新しい回路」として勝手に進化していくのです。

そして、脳のなかでは、面白い現象が起きています。ある経験をすることでできた回路に対して、他のまったく無関係な経験でできた回路が、何の意図もなく、ただ何かが似ているというだけの理由でつながり、共鳴してしまうのです。親友が昔の同級生の友人でもあることを知って、「意外に世界は狭い！」と驚く瞬間と似ていて、脳の世界は広大で深淵《しんえん》であるにもかかわらず、意外と狭いものなのです。

これが、ひらめきです。何の意図もなく起きる現象だからこそ、「それまでになかった発想」が生まれるのです。重要なのは、これが、ジョブズならずとも、人間であれば誰もが備えている「標準機能」だということ。であれば、彼の偉大なゼロイチは、彼の天才性によって生まれたというよりも、彼が失敗に屈せず新しいチャレンジを繰り返すことで、他の誰も持ち合わせないような脳の回路を後天的に育んだからとも言えるはずです。

そう考えると、僕は勇気づけられます。

僕のような凡人でも、失敗を恐れず、許容できるギリギリのリスクを受け入れながら、「やりたいこと」に全力でチャレンジし続けることで、いつかきっと「すごいゼロイチ」ができるようになるはずだからです。

だから、僕は、人生を設計しようとしてはならない、と考えています。

ライフプラン・セミナーや社員教育で言われるように、誰でも手が届く範囲で自分の人生を計画してしまったら、それは自分のなかに「保守的なバイアス」を生み出してしまい、チャレンジを抑制してしまうからです。それでは、「他の誰も持ち合わせないような脳の回路」を育むことなどできません。それよりも、もっと「場当たり的」に、「やりたいこと」「挑戦したいこと」に一生懸命ぶつかっていったほうが、多少リスクは増えますが、人生の可能性は格段に広がると思うのです。

だからこそ、僕は、時にひるみ、たじろぎそうになりながらも、「やりたいこと」「挑戦したいこと」を求めて、レクサスLFA、F1、Pepperと、僕なりのチャレンジを積み重ねる決断をしてきたのです。

アイデアがグルーヴする会社をつくる

そして、今回、さらに大きなチャレンジを始めました。

サラリーマンという枠組みを飛び出して、「GROOVE X」を起業することにしたのです。この起業には、三つの目的があります。

まず第一に、非言語コミュニケーションにこだわることによって、人の心を支えることができる「サブコンシャス・コミュニケーション・ロボット」をつくり出すこと。第二に、日本発の新産業をベンチャーで立ち上げること。日本を再びゼロイチのホットスポットに押し上げるために、微力《びりょく》ながら貢献したいと願っています。

そして第三に、社名にあるとおり、「アイデアのグルーヴ（うねり）を生む組織」をつくること。僕はこれまでに、「多様なバックグラウンドをもつイケてるメンバーが集まって議論を始めると、ある他愛もないアイデアがアイデアを呼び、アイデアの好循環が回りだす」という経験をしてきました。参加者の「ひらめき」が共鳴しあう瞬間です。そして、最初に想像もしなかったような結論にたどり着く。このような経験を通して、本当の「会議」は、とっても面白いものだと気付きました。だから、そんな共鳴が日常的に起きる文化をもつ組織ができれば、人も組織も成長できるはず。会社を成功させ、この仮説を実証したいと考えています。

もちろん、このチャレンジは未知数です。自らの手で起業するのですから、これまでサラリーマンとして経験してきたリスクより、はるかに大きなリスクを背負っています。だけど、「やりたいこと」「挑戦したいこと」に真っすぐ向き合っていきたい。このチャレンジが、さらに僕自身を成長させてくれるはず。そして一緒にリスクをおって、荒波への冒険にでてくれた仲間たちや、応援してくださる皆様、そして僕自身の人生を一層豊かなものにしてくれると信じています。

本書を書き上げた今、僕を育ててくれた皆様への感謝の気持ちでいっぱいです。ここまで僕にさまざまなチャンスを与えてくださり、成長させてくださったのは、トヨタやソフトバンクでお世話になった皆様です。特に、孫正義社長には、Ｐｅｐｐｅｒという大きなチャンスをいただいたうえに、貴重なアドバイスをたくさんいただきました。改めて、深く御礼をお伝えさせていただきます。

そして、本書を最後まで読んでくださった読者の皆さまにも感謝申し上げます。まだまだ未熟な僕ではありますが、もしも、本書のメッセージが皆さまに「やりたいこと」「挑戦したいこと」にチャレンジする後押しになれば、それに勝る喜びはありません。皆さまと切磋琢磨《せっさたくま》しながら、この世の中にワクワクするようなゼロイチが次々と生まれることを期待してやみません。

２０１６年５月

林　要

林 要（はやし・かなめ）

1973年愛知県生まれ。東京都立科学技術大学(現・首都大学東京)に進学し、航空部で「ものづくり」と「空を飛ぶこと」に魅せられる。当時、躍進めざましいソフトバンクの採用試験を受けるも不採用。

東京都立科学技術大学大学院修士課程修了後トヨタに入社し、同社初のスーパーカー「レクサスLFA」の開発プロジェクトを経て、トヨタF1の開発スタッフに抜擢され渡欧。「ゼロイチ」のアイデアでチームの入賞に貢献する。

帰国後、トヨタ本社で量販車開発のマネジメントを担当した際に、社内の多様な部門間の調整をしながら、プロジェクトを前に進めるリーダーシップの重要性を痛感。そのころスタートした孫正義氏の後継者育成機関である「ソフトバンクアカデミア」に参加し、孫氏自身からリーダーシップをたたき込まれる。

その後、孫氏の「人と心を通わせる人型ロボットを普及させる」という強い信念に共感。2012年、人型ロボットの市販化というゼロイチに挑戦すべくソフトバンクに入社、開発リーダーとして活躍。開発したPepperは、2015年6月に一般発売されると毎月1000台が即完売する人気を博し、ロボットブームの発端となった。

同年9月、独立のためにソフトバンクを退社。同年11月にロボット・ベンチャー「GROOVE X」を設立。新世代の家庭向けロボットを実現するため、新たなゼロイチへの挑戦を開始した。

トヨタとソフトバンクで鍛えた「0」から「1」を生み出す思考法
ゼロイチ

2016年5月26日　第1刷発行

著　者——林 要
発行所——ダイヤモンド社
〒150-8409　東京都渋谷区神宮前6-12-17
http://www.diamond.co.jp/
電話／03·5778·7227（編集）　03·5778·7240（販売）
装丁————奥定泰之
製作進行——ダイヤモンド・グラフィック社
印刷————八光印刷（本文）・加藤文明社（カバー）
製本————ブックアート
編集担当——田中　泰

ISBN 978-4-478-06825-0